KB076397

눈물은 내가 가진 상처를 이해했을 때 흐르는 치유의 여로이다

이재진의 크라잉 힐링

실컷, 울어야 다시 사랑할 수 있다

실컷, 울어야
다시 사랑할 수 있다

초판 1쇄 인쇄 | 2012년 10월 20일
초판 1쇄 발행 | 2012년 10월 30일

지은이 | 이재진
발행인 | 황인욱
발행처 | 도서출판 오래

총괄기획 | 우성흠, 박수화
기 획 | 양승민
아트디렉터 | 채기석
일러스트 | 김나정
표지디자인 | CWA

주 소 | 서울특별시 용산구 한강로2가 156-13
이메일 | ore@orebook.com
전 화 | (02)797-8786~7, 070-4109-9966
팩 스 | (02)797-9911
홈페이지 | www.orebook.com
출판신고번호 | 제302-2010-000029호

ISBN 978-89-94707-72-3 (03180)

이재진의 크라잉 힐링

실컷, 울어야 다시 사랑할 수 있다

이재진 지음

오래

| 차 례 |

"아, 내가 죽어야만 하는구나."

2010년, 나는 아내와 이혼했다. 그 과정은 처참했다. 힘내라는 말도 비난으로 들릴 만큼 지쳐갔고, 힘들어하는 내 모습이 나조차 견딜 수 없게 추하고 역겨웠다. 마치 쓸모없는 쓰레기가 된 기분이었다.

사람들이 모두 모인 자리에서 할복을 하는 상상을 무수히 했다. 그들 앞에서 배를 가르면, 내가 얼마나 힘든지 알아주겠지. 아, 내가 죽어야만 하는구나. 그래야 모든 것이 끝나겠구나. 어느 날, 이미 빈 집이 된, 아내와 아들과 함께 살던 집으로 향했다. 청소를 하고, 바닥을 닦았다. 옷을 정리하고, 쓰레기를 버리고, 주방기구를 정리하고… 그리고 식탁 위에 작은 쪽지 하나를 남겼다.

"여보, 그동안 고마웠어. 사랑해. 이번에는 긴 여행이 될 것 같다. 앞으로 나 찾지 마. 찾으려 해도 찾을 수 없을 거야. 사랑해, 고마워. 아이들 잘 키워주고."

그리고 차를 몰고 집을 나섰다. 담담한 마음으로 고속도로를 달렸다. 어느 순간 정신을 차리니, 대구의 어느 다리 앞에 있는 날 발견하게 되었다. 지금 생각해보면 그 짧은 쪽지는 유서였던 것이다. 나도 모르게 유서를 썼던 것이다. 왜 대구로 내려왔는지도 모르겠다. 나도 모르게 다리 앞까지 오게 된 것이었다. 나도 모르게….

억울했다. 누구보다 열심히 살아왔는데. 누구보다 밝게 살아왔는데. 문득 이 억울함을 이야기하고 싶었다. 매달리고 싶었다. 마지막이란 마음으로 현재 나를 있게 해 준 심리상담 스승님을 찾아가게 되었다. "무섭습니다. 도와주세요!"

나는 왜 이렇게 힘들어야만 하는가. 나는 어떻게 살아왔는가. 내 삶에 어떤 상처가 있었던가. 살아온 과정을 돌아보았다. 과거의 상처들이 지금의 날 아프게 한다는 것을 알았다. 그리고 울기 시작했다. 지난 삶을 눈물로 닦아냈다. 이렇게 아픔과의 이별 여행은 시작되었다.

교사가 손을 올리면 겁을 먹는 학생이 있다. 주로 교사에게 출석부로 머리를 많이 맞은 학생이다. 교사의 손짓이 자신을 때릴 것이라고 착각하는 것이다. 심지어는 겁먹은 원인을 교사에게 돌리는 경우도 있다. 교사의 의도와는 관계없이 말이다. 하지만 모든 학생들이 교사의 손짓에 놀라지는 않는다.

작은 일에도 쉽게 상처를 받는 사람이 있다. 가까운 사람의 행동에 늘 짜증을 내는 사람도 있다. 작은 행동을 두고 공격이라 착각하는 것이다. 교사의 손짓에 쉽게 놀라는 학생처럼, 많은 아픔을 가진 사람들이 쉽게 상처받는다. 그리고 긴장하는 자세로 24시간을 살아간다. 하지만 모든 사람이 똑같이 힘들어하지는 않는다. 고통을 안고 있지 마라. 차라리 실컷 울고 나면 속이 편안해진다.

공허한 느낌을 품고 살아가는 사람도 있다. 그래서 관심 받고 사랑 받는 일에 몰두하기도 한다. 짐짓 웃어보려 애쓰기도 한다. 하지만 공허함이 없어지던가? 되레 더 공허함이 크게 다가온다. 억지로 웃으면 웃을수록 공허함은 더욱 커져만 가는 것이다. 그렇다고 웃기를 멈출 수는 없다. 긍정, 노력, 희망, 기쁨, 미소, 성공 등 듣기에 좋은 단어를 강요하는 사회이기 때문이다. 하지만 웃어도 웃음이 아닌 경우는 어떻게 해야 할까? 웃음이 나오지 않으면 어떻게 해야 할까? 차라리 실컷 울어라. 그리고 나면 속이 시원해진다.

아프면 울어야 한다. 회초리를 맞고 웃을 사람은 아무도 없다. 육체는 아프면 눈물이 나는 것이 정상이다. 그래야 덜 아프기 때문이다. 마음도 마찬가지다. 아프면 울어야 한다. 그래야 속이 시원해진다. 이것이 바로, '크라잉 힐링(crying healing)' 이다.

상처가 많을수록 실컷 울어야 다시 사랑할 수 있는 힘이 생긴다. 1장 '과거와 이별하기' 에는 눈물로써 상처를 치유하기 위한 방법 10가지를 수록했다. 사랑에도 방법이 필요하다. 2장 '현재와 연애하기' 에는 만족스럽게 현재를 즐기기 위한 방법 10가지를 수록했다. 하루의 시작은 하루의 반이다. 매일 하루의 시작을 바꾼다면 남은 인생의 반을 바꿀 수 있나. 따라서 마지막 상은 '하루를 시작하기' 로 엮었다.

속담에 '죽어봐야 저승 맛을 안다' 라는 말이 있다. 공부 잘 하는 방법을 아는 것만으로는 성적이 오르지 않는다. 공부를 해야 성적이 오른다. 부디 이 세상을 다시 시작한다는 각오로 각 장의 내용을 실행하기 바란다.

내가 이 방법들을 통해 아픔을 극복했듯, 당신도 할 수 있다. 새로 시작하는 당신에게 힘찬 응원을 보낸다.

2012년 10월
이 재 진

실컷, 울어야 다시 사랑할 수 있다

1장

과거와
이별하기

세상 사람들을 믿지 못하겠다.
죽어라 일을 해도 늘 공허하다.
뭘 해도 즐겁지 않다. 혼자 있고 싶다.
사랑을 찾아봤지만 잠들기 전 눈물이 난다.
사람들이 날 몰라본다.
웃어도 웃음이 아니다.
그들이 날 힘들게 한다.
그들과 간절히 어울리고 싶다.
늘 끝나지 않아 너무 힘들다.
뜨거운 사랑이 그립다.

그러나… 누구나 이렇게 힘들어하진 않습니다.

지금부터 배우자의 행동을 관찰해보자

이별하기
①

내 아내의
모든 것을 작성하세요

"나하고 당신은 성격이 너무 안 맞아. 이혼해!" 부부싸움 끝에 나오는 이야기다. 매일같이 부부싸움을 하다가 대화를 멈추게 되고 서로의 눈치를 본다. 편해야 하는 집이 숨 막히는 감옥이 된다. 배우자가 들어오면 일부러 외출을 하며 마찰을 피한다. 상대도 그렇고 나도 그렇고 서로의 행동만 봐도 기분이 상한다. 뭘 해도 신경 쓰이고 뭘 해도 불만족스럽다. 그리고 "성격이 너무 안 맞아!"라며 또다시 싸운다.

부부싸움에서 나오는 '안 맞는 성격'이란 단어는 엄밀히 말하자면 '버릇'인 경우가 대부분이다. 양말을 계속 뒤집어서 벗어놓는다. 물통에 입을 대고 물을 마신다. 음식을 먹으면 꼭 몇 조각씩 남긴다. 물건을 사용하고 제자리에 놓는 경우가 없다. 잠자기 전에 이를 닦지 않는다. 하루가 멀다 하고 술을 마신다. 마셨다 하면 새벽에 들어온다. 음식을 먹을 때 쩝쩝 소리를 낸다. 집에만 들어오면 소파에 누워있다. 입만 열면 욕이다. 늘 이렇게 행동한다. 그러나 아무리 말해도 들어먹지를 않는다. 이것이 바로 '버릇'이다. 이런 버릇들이 부딪히면 싸움이 되고 결국 "성격이 맞지 않아!"라고 말하게 되는 것이다.

내가 원하는 것은 이런 것이 아닌데…. 내가 원하는 것은 생활에서 아주 작은 것들을 맞춰주는 것인데…. 한번쯤 날 따뜻하게 안아주지. 한번쯤 날 인정해주지. 한번쯤 내 말 좀 들어주지. 부부관계를 갈라놓게 하는 요인은 거대한 사건이 아니다. 배우자의 바뀌지 않는 버릇들 때문에 조금씩, 조금씩 상한 감정이 쌓이게 되고, 이런 감정이 쌓이면 배우자가 뭘 해도 예뻐 보이지 않는다. 오히려 예뻐 보이려 하는 배우자의 노력이 감정을 더 상하게 만들기도 한다.

거대한 사건도 따지고 보면 이런 바뀌지 않는 버릇들이 쌓이고 쌓여서 만들어낸 결과가 대부분이다. 따라서 배우자와 이혼을 했더라도 전 배우자는 어떤 사람인지 정확하게 분석할 필요가 있다. 배우자의 어떤 행동이 당신의 가슴을 아프게 했는지, 배우자의 어떤 태도가 당신을 비참하게 만들었는지…. 지금 생각만 해도 화가 나는 사건은 배우자의 어떤 행동이 바뀌지 않고 지속적으로 누적된 결과이기 때문이다.

지금부터 배우자의 행동을 관찰해보라. 그리고 종이에 구체적으로 배우자의 행동을 작성하길 바란다. 배우자의 행동 그대로를 작성해야 한다. 당신이 바라는 배우자의 모습이 아니라 배우자 그대로의 행동이다. 주의 깊게 관찰해야 한다. 작성요령은 배우자가 위치한 장소와 상황에 따라 작성하는 것이 좋다. 화장실, 안방, 서재, 거실, 자동차 안, 아이들 방 등.

배우자가 집에 들어오면 들어오는 모습을 관찰해 보라. 문은 어떻게 열고 닫는지, 신발은 어떻게 벗는지 관찰해야 한다. 외투를 벗는 모습, 외투를 옷걸이에 걸어 놓는 형태를 관찰한다. 양말은 어떻게 벗는지, 뒤 집어서 벗는지 바로 벗는지, 그리고 왼발부터 벗어 놓는지, 오른발부터 벗어 놓는지. 화장실로 향하는 모습. 화장실 문을 꽉 닫는지, 조금 열어 놓는지, 또는 문고리를 잠그는지 안 잠그는지. 식사를 할 때의 모습. 식 사 후 하는 행동. 거실에서, 서재에서, 침실에서. 잠자리를 할 때 행동. 아침에 일어나자마자 하는 행동은 무엇인지. 이를 닦을 때 칫솔과 치약 의 형태는? 상의, 하의, 외투를 입는 모습. 가방을 어느 손에 들고 있는 지. 구두는 어느 쪽부터 신는지. 문을 열고 나가는 모습. 모든 모습을 진 지하게 관찰하고 작성한다.

영화 시나리오를 작성한다는 느낌으로 3일만 관찰하면 배우자의 일 관된 행동이 보인다. 관찰된 배우자의 행동을 '참고 1. 버릇 찾기 예제' 를 통해 정리한다. 이런 행동이 배우자이다.

배우자는 어떤 사람이냐고 누군가가 물어본다면 작성된 버릇으로 설 명할 수 있어야 한다. 의사, 변호사, 고위 공무원 등의 사회적 지위를 기준으로 배우자를 설명하면, "와, 너 참 좋겠다!"란 엉뚱한 대답을 들을 수도 있다. 내 남편과 살아보기라도 했단 말인가? 아내가 팔등신 미인이다. 친구들은 부럽다고들 한다. 그들이 내 아내와 살아보기라도 했단 말인가? 사회적 지위, 직업, 연봉, 외모만을 가지고 배우자를 평가하는 것만큼 아주 속 터지는 일도 없을 것이다. 내 썩어가는 속을 무엇으로 설명하겠는가? 큰직한 사건이야 그렇다고 치더라도 잔잔하게 쌓인 상처들은 무엇으로 설명해야 하나? 배우자의 버릇이다. 꼼꼼하게 작성해야 한다. 그래야만 과거와 이별하기 위한 이혼소장을 작성할 수 있다. 어설픈 소장은 과거와의 이별을 성사시킬 수 없다. 살아온 아픔을 설명할 수 있을 때 비로소 과거와의 이별은 가능하다.

"나하고 당신은 성격이 너무 안 맞아!"라는 말은 임상심리학에서 말하는 성격으로 판단할 수도 있다. 역시 행동을 가지고 판단한다. 외부에서 다가오는 상황에 배우자가 행동하는 양상을 관찰하면 성격이 판단된다. 세상에 믿을 놈이 없다고 하는지, 막말을 달고 사는지, 혼자 있기를 좋아하고 어떤 일에도 관심이 없는지, 이상한 종교적 · 초자연적 · 예술적 현상에 집착을 하는지, 세상을 착취의 대상으로 여기는지, 사람들과 상황에 따라 표정과 행동이 급격하게 바뀌는지, 갑자기 기분이 돌변하는지, 자신이 제일 잘 나간다고 생각하는지, 야한 옷과 화려한 의상이나 행동을 즐기는지, 일이 생기면 도망치고 회피하는지 매달리는지, 갑을 관계로 사람을 대하는지. 모두 행동이며, 행동은 곧 성격이다.

'참고 2. 성격 찾기 예제'를 통해 배우자의 성격을 꼼꼼하게 찾아보길 바란다. 당신이 바라는 성격이 아니라, 당신이 생각했던 성격이 아니라, 배우자가 지금 행동하는 모습을 기준으로 판단해야 한다. 꼼꼼하게 배우자의 행동을 관찰해 보라. 성격은 여러 가지로 혼재되어 있을 수 있다. 예제에 명시된 모든 성격에 대해서 배우자의 사고와 행동 중 어떤 부분이 일치하는지 확인해야 한다. 한 가지 성격에만 국한하지 말고 넓게 판단하길 바란다.

역시 누군가가 배우자는 어떤 사람이냐고 물어본다면 작성된 성격으로도 설명할 수 있어야 한다. 내 배우자는 회피성이 강해서 집에 큰 일이 있으면 숨으려고 한다. 내 배우자는 의존성이 강해서 나에게 무엇이든 다 결정하라고 한다. 내 배우자는 강박성이 강해서 너무 도덕적이다. 내 배우자는 편집성이 강해서 자신만의 왕국을 만들려고 한다. 나를 구속한다. 나를 조종하려 한다. 내 배우자는 자기애성이 강해서 자신이 제일 잘난 줄 안다. 화려하게 자신을 꾸민다. 이렇게 성격을 가지고 배우자를 설명할 수 있을 때 배우자를 정확하게 볼 수 있다. 감정을 섞지 말고 냉철하게 배우자의 성격을 판단할 수 있어야 한다. 그래야만 배우자의 어떤 성격이 자신을 힘들게 했는지 객관적으로 설명할 수 있다. 심리적 근거를 동원해서 설명할 수 있을 때 과거와 이별하기 위한 이혼소장을 완벽하게 작성할 수 있다. 그리고 질문 한 가지를 하겠다. 배우자의 행동을 관찰하는 동안 당신은 어떤 행동을 했는가?

"우린 서로 성격이 안 맞아!"란 말은
결국 "우린 서로 행동이 달라!"란 말과 같은 뜻이다.

버릇을 찾아 나만의 행동임을 인정하자

나의
모든 것을 작성하세요

영화 '적과의 동침(1991, 조셉 루벤 감독)'을 보면 남편 마틴의 정돈하기 버릇은 완벽주의의 진수를 보여준다. 결국 아내 로라는 도망치고 만다. '파퍼씨네 펭귄들(2011, 마크 위터스 감독)'을 보자. 주인공 톰의 옆머리는 단정하게 귀 뒤로 칼 같이 붙여져 있다. 불안하면 의자와 테이블의 각을 맞춘다. 그는 완벽주의자이며 이혼남이다. '사랑은 언제나 진행중(2010, 바트 프룬디치 감독)'에서 여주인공 샌디는 영화시작 5분, 아이들을 등교시키고 주방으로 향한다. 주방으로 향하던 중 테이블을 지나치다 다시 테이블로 돌아온다. 그리고 테이블 위에 접시와 테이블의 선을 맞추어서 놓는다. 선 맞추기의 달인이며 완벽주의자이다. 그리고 이혼한다.

드라마에서도 예외는 아니다. '내 남자의 여자(2007, 김수현 극본)' 의 여주인공 김지수. 그녀는 늘 '손 닦아라' 란 말을 입에 달고 산다. 자리에 앉을 때는 걸레로 꼭 의자를 닦는다. 늘 청소를 한다. 쓸고 닦기의 달인이다. 늘 가스밸브를 확인한다. 결국 이혼한다. 소설 '고슴도치(2000, 위기철 저)' 의 주인공 헌제. CD와 책들을 순서에 맞춰서 정리하며 중간에 순서가 엉켜있으면 늘 불안해한다. 그리고 누가 자신의 물건을 만지는 행동을 싫어한다. 다시 정리해야 하기 때문이다. 그 또한 이혼남이다.

완벽한 쓸기, 닦기, 각 맞추기, 쓰레기 치우기, 박자 세기, 숫자 맞추기, 짝 맞추기, 정돈하기, 줄 세우기, 색깔 맞추기 등을 '정상' 이라고 여기며 살아가고 스스로 '완벽주의자' 라 부르는 이들이 있다. 이들은 자신의 생활방식 이외는 문제로 여기고 다툼으로 이어진다.

아래는 한 이혼남성이 자신을 돌아보며 쓴 글이다. 눈에 띄는 대목이 있다. "그렇지 않으면 뭔가 불안합니다. 아내가 뭘 해도 불만스럽습니다. 왠지 2% 부족합니다. 퍼펙트하지 않습니다. 뭔가 불안합니다. 그래서 항상 제 아내가 못나 보입니다." 자신의 불안 때문에 화장실에서도 휴지의 각을 잡았다고 한다. 자신만의 버릇은 아무도 맞춰주지 못한다. 그러니 자신만의 버릇을 맞춰주지 못하는 아내가 못나 보였던 것이다. 이들 부부에게는 수많은 다툼이 있었을 것이다. 그리고 아내의 핑계를 대는 것이다. "당신은 왜 이것도 똑바로 못해!"라고 하면서 말이다. 이런 다툼은 술로, 술은 우울로 이어진다. 아내를 의심하게 되고, 분노로 나타난다. 결국 결론은 이혼이다.

한 카페에 글을 쓰다 보니, 제가 어떤 사람인가를 정리해볼 필요가 있겠더군요.

참 저 힘들게 살았네요.

뭐든지 정리정돈의 박사처럼 반듯반듯한 사람…. 먼지 하나 머리카락 하나도 어릭하지 않고 욕실의 수건도 각을 잡고 똥 닦을 때 휴지도 삭을 잡습니다. 그렇지 않으면 뭔가 불안합니다. 길거리를 다닐 때 보도블록의 중간으로만 다녀서 선을 밟고 다니지 않으며, 운전할 때는 스쳐가는 가로수와 가로등을 보고 똑딱똑딱 박자를 맞춥니다.

퇴근 후, 집에 들어오면서 신발을 반듯하게 정리합니다. 가방을 항상 저만의 위치에 놓습니다. 옷걸이도 각을 잡습니다. 종류별로 구분하고 색깔별로 구분해서 옷을 겁니다. 길이는 당연히 맞아야 합니다. 집안으로 들어와 바닥에 떨어진 장난감이며, 아이들이 논 흔적을 말끔하게 치웁니다. 언제나 완벽하게 한 것을 좋아했습니다.

아내가 뭘 해도 불만스럽습니다. 왠지 2% 부족합니다. 퍼펙트하지 않습니다. 뭔가 불안합니다. 그래서 항상 내 아내가 못나 보입니다.

"다 그렇지 않아요?"라고 물을 수 있다. 아니다. 당신만의 버릇이다. 치약을 끝에서부터 밀어 올려 짜거나 중간을 눌러서 짜거나, 헤어드라이어를 사용 후 전선을 감아두거나 그냥 두거나, 똑딱똑딱 박자를 맞추거나 그렇지 않거나, 옷을 색깔별로 정리하거나 종류별로 정리하거나, 책을 크기별로 정리하거나 내용별로 정리하거나, 이를 닦고 아침식사를 하거나 아침식사 후 이를 닦거나, 조미료를 넣은 음식을 먹거나 안 먹거나 생활방식은 모두 다르다. 그러면 이렇게 반문할 수 있다. "조미료는 건강에 해롭잖아요. 정리하고 줄 맞추는 것이 나쁜 것인가요?" 물론 그렇지 않다. 하지만 '내가 정상이다. 그리고 꼭 그렇게 해야만 한다'는 강박관념이 문제이다. 생활방식에 대한 강박관념이 있으면 다툼으로 이어지게 되어 있기 때문이다.

괜히 화가 나는 경우가 있는데, 강박적인 생활방식을 침해받았다고 생각해서 발생된 경우가 많다. 치약을 밀어 올려 사용해야 하는 강박적 버릇이 있는 이들은 중간을 눌러 사용된 치약을 보면 괜히 기분이 나빠진다. 자신의 방식이 침해된 느낌이 드는 것이다. 그리고 화가 전위되어 배우자와 다툼으로 이어진다. 삼겹살을 구울 때 줄을 맞춰 놓는 이들은 자신도 모르게 그렇게 행동한다. 그래서 식사자리에서 삼겹살 줄이 맞춰져 있지 않으면 괜히 기분 상할 수 있다. 자신도 모르게 말이다.

상대가 자신의 행동에 맞춰야 한다는 생각은 자신의 기분을 상하게 한다. 내가 상대의 행동에 맞추지 않는다면 상대의 기분을 상하게 한다. 배우자가 나와 다르게 행동했듯이 나는 배우자와 다르게 행동한다. 자신만의 버릇을 알아야 한다. 그리고 타인들은 당신과 동일하게 행동하지 않는다는 것을 인정해야 한다. 그렇지 않으면 늘 짜증 부리며 살 수밖에 없다. 이유도 모르고 말이다.

종이를 펴고 자신만의 버릇을 작성해보라. 우선 상황에 따른 버릇을 찾을 수 있다. 식사자리를 예로 들어 보겠다. 밥그릇의 밥알을 꼭 남긴다. 수저와 젓가락을 손에 다 들고 식사를 한다. 국이 꼭 있어야 식사를 할 수 있다. 젓가락 끝을 맞추어 놓아야 한다. 식사 중에 말을 해서는 안 된다. 반찬을 흘리면 바로 치워야 한다.

이런 상황은 생활을 시간대에 맞춰 상황별로 분류하면 강박적 버릇을 찾기 쉽다. 기상, 세면, 아침식사, 출근길, 업무, 점심시간, 업무, 퇴근길, 저녁식사, 집안, 세면, 취침. 그리고 각 상황별로 자신의 행동과 자신이 만들어 놓은 환경을 상상해본다. 운전 중에는 어떤 행동을 하는지, 집 안에서는 어떤 행동을 하는지, 청소는 어떻게 하는지, 그리고 그 행동이 만들어 놓은 모습이 어떤지.

장소에 따른 버릇도 있다. 화장실을 예로 들어보겠다. 샤워 후에 꼭 용변을 보지도 않은 변기의 물을 내린다. 또는 소변을 보고도 변기 물을 내리지 않는다. 샤워 후 샤워기를 정돈한다. 또는 그렇지 않다. 휴지는 꼭 손에 여섯 번을 말아서 사용한다. 비누를 사용 후 거품을 치우지 않는다. 또는 꼭 물로 거품을 제거해야 한다. 치약은 어떻게 사용하는가? 수건, 칫솔, 면도기, 샴푸, 슬리퍼 등을 사용하고 어떻게 정리하는가? 이렇게 한 장소의 버릇을 정리하면 위치를 이동한다. 거실, 주방, 침실, 서재, 책상 등.

이렇게 모든 버릇이 정리되면 작성된 배우자의 버릇과 비교해본다. 그리고 어떤 버릇이 배우자를 힘들게 했는지 곰곰이 생각해본다. 식사 중 밥알을 꼭 남기는 버릇은 설거지하는 당사자를 귀찮게 할 수 있다. 반대로 싹싹 먹어야 하는 버릇이 있는 이들은 아이들에게 잔소리를 할 수도 있다. 드레스 셔츠 주름이 완벽해야 하는 이들은 그렇지 않은 사람을 보고 눈살을 찌푸릴 수 있다. 반대로 구겨진 드레스 셔츠를 입고 다니는 이들은 중요한 자리에서 기분이 상할 수 있는 이야기를 듣는 경우도 있다.

버릇을 찾아 당신만의 행동으로 인정하면 기분 상할 일이 적어진다. 상황에 맞춰 자신의 행동양식을 포기할 수도 있다. 상대가 싫어하는 행동을 하지 않게 된다. 그리고 타인의 버릇도 단지 버릇으로 인정할 수 있어 포용력 또한 넓어진다. 상대가 기분이 좋으면 자신도 기분이 좋아진다. 행동은 맞춰달라고 하는 것이 아니라 맞추는 것이다. 그렇지 않으면 어느 날 갑자기 진짜 이혼소장이 날아 올 수도 있다. 자신의 버릇에 맞추라고 요구하는 사람은 결혼생활 부적합자이다.

삼겹살 구울 때 줄 맞춘다고 더 맛있는 건 아닙니다.

삶이 어려운 이유는 '나' 의 증명 때문이다

이혼
소장을 작성하세요

수학이 어려운 이유는 공식의 증명 때문이다. 과학이 어려운 이유는 가설의 증명 때문이다. 영어가 어려운 이유는 구사력의 증명 때문이다. 인문학이 어려운 이유는 드러냄의 증명 때문이다. 철학이 어려운 이유는 사상의 증명 때문이다. 삶이 어려운 이유는 '나'의 증명 때문이다. 그런데 '나'는 무엇으로 증명해야 할까? 증명할 수 없으면 뭐든 어렵다.

1980년대 모토롤라에 재직 중이었던 마이클 해리 박사(Mikel Harry Ph.D.)는 경영혁신 툴인 '6시그마(6 Sigma)'를 개발한다. 6시그마란, 기업에서 발생하고 있는 현상(품질, 리드타임, 재무, 클레임 등)의 분산이 관리목표에 6시그마 수준까지 달한다는 의미다. 이는 제품을 100만

개 생산 시 불량품이 3.4개 생산된다는 의미로 해석되기도 한다. 이 툴이 다양한 기업에 적용되기 좋은 이유는 'DMAIC'라고 불리는 아주 전형적인 적용 방법이 있기 때문이기도 하다.

6시그마를 실행하는 순서는 다음과 같다. 처음으로 혁신이 필요한 부분을 정의(Define)한다. 예를 들어 6시그마를 적용할 분야가 컴퓨터 생산이라 가정한다면, 컴퓨터를 생산하기 위해서는 크게 각 구성품을 생산하고, 구성품을 조립하는 공정으로 구분할 수 있다.

정의(Define) 단계는 '조립과정에서 불량이 타 공정에 비해 1.3배 많이 발생한다'와 같이 주제를 정하고, 정의된 주제를 시각적으로 확인하기 위해 조립과정을 그림으로 그리는 과정이 포함된다. 그 그림을 프로세스 맵(Process Map)이라고 부른다.

두 번째로는 정의된 부분을 통계적으로 측정(Measure)하는 단계이다. 측정(Measure) 단계는 프로세스 맵에 명시된 세부 단계의 불량률을 확인하고, 총 불량률을 확인하는 과정이다. 조립과정이 세 단계(A공정, B공정, C공정)로 이루어져 있다고 가정하겠다. 그리고 각 공정은 90%의 제품만 정상적으로 조립할 수 있는 능력이 있다고 가정한다면 총 조립과정의 불량률은 27.1%($1-(0.9 \times 0.9 \times 0.9)=0.271$)가 된다.

세 번째로는 측정된 수준의 발생요인을 분석(Analyze)하는 단계이다. 각 조립 단계가 정상적으로 제품을 조립할 수 있는 능력이 왜 90%인지를 분석하는 단계이다.

네 번째로는 분석된 요인을 개선(Improve)하는 단계이다. 개선단계 또한 각 조립단계를 개선한다.

마지막으로 개선된 사항이 유지될 수 있도록 표준화시키고 표준화 내용을 관리(Control)하는 단계이다. 관리대상은 총 컴퓨터 조립의 불량률이기도 하지만 개선 대상이 A, B, C단계였으므로 각 단계가 정상적으로 운영될 수 있도록 관리한다. 결론적으로, 현존하는 기업의 경영혁신 도구로써 가장 강력하다고 여겨지는 6시그마는 결과를 바꾸기 위해 과정을 바꾼다.

1988년 MIT의 존 크래프시크(John Krafcik)는 논문인 '세계 자동차 공장의 성과지표 비교 연구'에서 미국, 유럽, 일본 등 13개국 38개 자동차 공장을 비교 연구했다. 논문에서는 토요타 생산방식(TPS, Toyota Production System)을 적용한 기업이 그렇지 않은 기업보다 높은 성과를 나타낸다고 증명했다. 1996년 MIT의 제임스 워맥(James P. Womack)과 다니엘 존스(Daniel T. Jones)은 린 싱킹(Lean Thinking)을 통해 토요타생산방식을 린(Lean)이라 명명하고, 적용하는 5가지 원리를 제시한다.

이 5가지 원리도 일종의 적용단계라고 볼 수 있다. 처음으로 가치(Value)를 정의한다. 두 번째로 가치흐름을 규명하고, 세 번째로 흐름을 구축하며, 네 번째로 당기기, 다섯 번째로 완벽함의 추구이다. 린이 6시그마와 다른 큰 차이점은 6시그마는 품질에 중점적인 반면 린은 속도에 집중되어 있다는 차이를 보인다. 하지만 1, 2단계에서 가치흐름지도(Value Stream Map)를 통해 생산단계를 그린다는 점에서 두 툴의 적용방법은 상당히 유사하다. 그리고 속도를 빠르게 하기 위해서 전체 프로세스가 가지고 있는 세부단계를 변경한다. 린 역시 결과를 바꾸기 위해 과정을 바꾼다.

1993년 MIT의 마이클 해머(Michael Hammer)와 CSI인덱스(CSI Index)의 CEO 제임스 챔피(James Champy)는 역작 '리엔지니어링 기업혁명(Reengineering the Corporation(A Manifesto for Business Revolution))'을 출간한다. 이 저서를 통해 BPR(Business Process Reengineering)이란 경영혁신 도구가 만들어진다. 초창기에는 엄청난 인기를 끌었으나 다소 주춤하기도 하였다. 하지만 ERP(Enterprise Resource Planning) 등의 정보체계가 BPR의 적용을 도와주고 있어 2000년대에 들어서면서 다시 환상적인 인기를 끌고 있다. BPR은 기업이 고객이 원하는 가치(Value, 유형적이든 무형적이든)를 마이클 해머의 또 다른 저서 제목과 같이 '빨리, 싸게, 멋지게' 만들어내기 위한 방법이다. BPR(Business Process Reengineering)의 이름에서 강하게 표현되듯 실행방법은 과정을 바꾸는 것이다.

6시그마, 린, BPR은 현재 세계적으로 인정받고 있는 경영혁신 도구이다. 그리고 이 도구들이 가지고 있는 공통적 철학은 "결과를 바꾸기 위해선 '과정'을 바꿔야 한다"이다. 문제는 결과가 아니라 결과를 만들어내는 과정에 있다. 그래서 이 도구들을 경영현장에 적용하기 위해선 '과정'을 증명하는 단계를 필수적으로 수행해야 한다. 이런 철학이 꼭 기업에만 적용되는 것은 아니다. 사람도 똑같다.

지금 주위에서 당신에게 문제가 많다고 이야기하고 또는 스스로 늘 뒤쳐져 있는 느낌이 든다면 살아왔던 과정에 문제가 있을 수 있다. 그 문제가 자의든 타의든 말이다. 아침에 부부싸움을 하고 출근을 했다면 지금 일이 안 풀리듯, 어제 과음을 해서 지금 속이 안 풀리듯, 일주일 전 발목을 삐어서 지금 걷기 힘들듯, 한 달 전 교통사고로 지금 움직일 수 없듯, 일 년 전, 10년 전, 20년 전에 있던 일들도 당신의 발목을 잡고 있을 수 있다.

　우리가 아이를 낳고 백일잔치, 돌잔치를 하는 이유는 사회적으로 학습되었기 때문이다. 어른 앞에서 술잔을 돌려 술을 마시는 이유도 사회적인 학습 때문이다. 하지만 모든 학습이 꼭 긍정적으로 작용하는 것은 아니다. 아버지로부터 정리하라는 잔소리를 계속 듣고 자란 아이는 강박증에 시달릴 수 있으며, 어머니로부터 따뜻한 포옹을 받지 못한 아이는 성장기의 모성결핍으로 인해 늘 공허함을 느끼는 성격장애로 발전할 수 있다. 긍정적이든, 부정적이든 모든 경험은 학습된다. 순대를 먹고 식중독을 앓은 사람이 다시는 순대를 먹지 않는 것처럼 말이다.

　과거에 생선회를 먹고 배탈이 심하게 난 사람은 생선회를 먹지 않는다거나 먹더라도 주위를 기울여서 먹는다. 뒷골목에서 불량배를 만나 호되게 당한 기억이 있는 사람은 어두운 골목길을 걸을 때 초조해 하기도 한다. 선생님에게 매일 회초리로 머리를 맞은 학생은 선생님이 손을 위로 올리는 행동만 하더라도 몸을 빠르게 움츠린다. 모두 사람이기 때문이다. 뇌의 일부인 편도체가 정상적으로 작동하고 있다는 증거이다.

하지만 다른 사람들은 잘 먹는 음식을 못 먹고, 다른 사람들이 잘 다니는 곳을 못 다니고, 다른 사람들보다 유난히 마음의 상처를 많이 받는다면 살아가는 데 얼마나 불편한가. 이런 불편함이 쌓이고 쌓여 당신을 힘들게 한다. 이런 성격, 버릇들이 당신을 지금 붙잡고 있는 족쇄이고, 그 족쇄는 '과거의 상처'라는 핵심부품으로 구성되어져 있다.

과거와 이혼하기 위한 소장을 작성해보자. 소장 작성하기는 생각보다 쉽지 않은 일이다. 많은 기억이 지워졌을 것이다. 그리고 다시는 떠올리기 싫은 상처들도 있을 것이다. 하지만 날 붙잡고 있는 족쇄가 어떤 부품들로 이루어져 있는지 알아야만 그 족쇄를 풀 수 있다. 이제 나의 인생에 진정한 혁신을 위해 살아온 과정을 정의해보자.

조용한 방안에 불을 끄고 책상에 앉아 스탠드를 켠다. 컴퓨터를 켜도 좋고 공책과 펜을 준비해도 좋다. 눈을 감고 내가 받았던 과거의 상처들을 기억한다. 기억하기 싫은 기억들도 떠올려야 한다. 좋았던 기억과 싫었던 기억을 철저하게 분리해야 한다. 한번 기억이 시작되면 그 상처들이 꼬리에 꼬리를 물고 살아 올라올 것이고 표정은 상기될 것이다. 이제 내가 받은 상처들 그리고 내가 밝히기 싫었던 사건들 모두를 작성해 내려간다.

소장 양식과 작성순서를 따르길 바란다. 사건 중심보다는 사람 중심으로 작성한다. 상처를 준 모든 사람에게 소장을 각각 작성한다. 원고에 본인의 이름을 작성한다. 피고에 이혼하고 싶은 대상을 작성한다. 'ㅇㅇ

○와의 어떤 과거'라고 작성한다. 사건 본인은 과거와의 이혼 후 바라는 삶에 대해 작성한다. 사건본인은 매우 중요한 부분이다. 목적을 가지고 소장을 작성하는 것과 맹목적으로 작성하는 것은 근본이 다르기 때문에 결과도 다르게 나타난다. 과거와의 이혼 후 원하는 삶을 구체적으로 작성하길 바란다. 청구취지를 작성한다. '판결을 원고 ○○○이 한다'라고 본인의 이름을 작성한다. 과거와의 이혼은 본인이 본인의 의지로 직접 해야 한다. 누구도 당신 과거와의 이혼을 판결해 줄 수 없다. 과거와 이혼하겠다는 강력한 의지를 소장에 표현하길 바란다.

피고에는 가장 최근에 나에게 상처를 준 사람과의 과거를 대상으로 한다. 기혼자 또는 이혼을 한 사람의 경우에는 배우자와의 과거를 최우선적으로 한다. 청구원인에 그 대상이 나에게 어떤 상처를 주었는지 작성한다. 가능한 자세하게 작성해야 한다. 상대방이 나에게 한 행동, 나의 반응, 그때 느낀 감정, 나의 행동 등 모든 상황을 자세하게 기록한다. 작성하다 보면 나도 모르게 욕이 입 밖으로 나오는 경우가 있을 것이다. 참지 말고 욕을 하라. 욕하고 소릴 질러도 좋다. 입 밖으로 감정을 표출하라. 그리고 당신에게 상처를 준 사람들에 대한 분노를 지면에 표출해야한다. 작성 중에 욕을 써도 좋고 오타를 작성해도 좋다. 타인에게 보여줄 소장이 아니다. 법원에 제출할 소장도 아니다. 당신이 과거와 이혼하기 위한 소장이다. 분노가 치밀어 올라 더 이상 작성이 힘든 경우에는 침대로 간다. 상대를 떠올리며 베개를 힘껏 내려친다. 몇 번을 내려치고 어느 정도 마음이 안정되면 다시 작성을 이어서 한다.

상처들은 최근을 시작으로 마지막에 받았던 상처까지 시간을 거꾸로 거슬러 내려가며 작성한다. 사소한 일도 놓치지 말고 모든 사건을 작성해야 한다. 한 사람으로부터 받은 상처를 작성하다 보면 다른 사람으로부터 받은 상처가 기억날 것이다. 그렇다면 다른 소장을 펼친다. 원고와 피고, 사건본인 등을 자세하게 기록한다. 이렇게 한 사람, 한 사람씩 모두 작성해 나간다. 주위 동료, 친구, 학창시절 날 힘들게 했던 아이들, 선생님, 길에서 만난 불량배, 바바리맨까지 한 사람도 빼놓지 말고 한 가지 사건도 빼놓지 말고 적어야 한다.

과거에 날 힘들게 했던 사람들에 대한 기억을 모두 작성했는가? 아니다. 당신의 이혼 소장에는 빠진 사람들이 있다. 형제자매 그리고 부모. 사람은 의외로 부모와 형제자매로부터 받은 상처가 가장 크다. 한 사람의 성격은 만6세 이전에 결정된다. 그때까지 주위에 있던 사람들은 부모와 형제자매가 전부일 수 있다. 따라서 당신의 상처들의 대부분은 가족으로부터 만들어졌다고 해도 과언이 아니다.

우연한 기회에 초등학생들을 대상으로 한 심리검사지(문장완성검사)를 본 적이 있다. 검사에 참여한 학생들 모두가 부모와 형제자매에 대한 적개심을 드러내고 있었다. 사랑과 행복이 넘쳐야 할 가족 간에 이런 아픔이 존재한다는 것은 어쩌면 불편한 대한민국의 진실일지 모른다. 이 이야기는 이 책을 읽고 있는 당신도 예외는 아니라는 뜻이다.

군인들에게는 특별한 버릇이 있다. 수건, 양말, 속옷의 각을 잡아서 정리한다. 청소에도 강박적으로 집착을 한다. 행동, 말투도 다르다. 연예인, 강사들에게도 특별한 버릇이 있다. 가까운 곳에 외출을 하더라도 복장에 신경을 쓴다. 의사, 특히 안과 의사들에도 특별한 버릇이 있다. 손을 닦는 데 집착을 한다. 모두 직업을 통해 생긴 버릇들이다. 하지만 모든 버릇이 직업으로 인해 생기진 않는다.

누군가에게 강압적으로 배웠다거나 함께 생활하면서 배운 버릇도 많다. 정리정돈에 집착을 한다거나, 청소에 집착하는 사람의 부모는 대부분 잔소리 대왕이다. 집에 들어오면 이곳저곳을 둘러보거나 뒤지는 사람이 있다. 이 사람은 남의 책상 서랍도 열어보거나 님의 수첩이 있으면 뒤적거리기도 한다. 이런 사람의 부모는 의심대왕이다. 넘겨짚기의 황제이다. '내가 그럴 줄 알았다' 하면서 말이다. 대부분의 버릇들은 부모에게 배운 것이다.

정리정돈이나 청소에 집착하는 사람에게 "혹시, 부모님 중에 잔소리가 심한 분이 계실 것 같은데요?"라고 물어보면 여지없이 "사실은 말이죠…"라며 부모의 잔소리에 대한 한풀이를 한다. 부모까지 빼놓지 말고 작성해야 한다. 상처는 타인이 듣는다면 표면적으로 유치하게 보일 수 있다. 날 집에 혼자 두고 나갔다. 생일 케이크를 안 사주었다. 공부하라고 잔소리를 했다. 방에 불쑥불쑥 들어왔다. 책상을 뒤졌다. 함께 안 놀아줬다. 아무리 작은 일이라도 상처는 상처다. 당해 보지 않은 사람은 모른다. 당한 사람만이 그 상처를 알 수 있다. 그리고 가장 가까운 사람에게 받은 상처가 가장 큰 법이다.

교육이란 이름으로 행해진 검열. 훈육이란 이름으로 행해진 회초리. 너를 위해서라며 행해진 학업 스트레스, 비난, 무시, 간섭, 압박. 수치스럽게 한 모든 기억들. 특히, 버림받았다고 느껴지게 한 모든 기억들. 좋았던 감정과 싫었던 감정을 철저히 분리하여 부정적인 사건을 모조리 작성해야 한다. 그리고 지면에 분노를 표출해 보라.

이 혼 소 송 청 구

원   고 : 이 ○ ○
피   고 : 부모님과의 아픈 과거
사건본인 : 아내와의 행복한 미래

청 구 취 지

1. 원고와 피고는 이혼한다.
2. 사건본인의 친권자로 원고를 지정한다.

    라는 판결을 원고 이 ○ ○ 가 한다.

청 구 원 인

아내를 만나기 전. 저와 제 부모님의 관계는 감찰요원과 수감자의 관계였습니다.

대학에 다니면서 자취를 할 조그마한 전세 집을 얻기로 했습니다. 그런데 부모님이 내려오시더니 집을 자기들이 구하시고 돈만 달라고 합니다. 그리고 제 집 열쇠를 가지고 올라갑니다. TV며 침대며 젓가락, 숟가락, 국자, 심지어 소주잔까지 갖고 오셨습니다. 짜증이 지대롭니다.

어느 날 갑자기 한밤중에 감찰요원들이 불시 감찰을 나왔습니다. 그리고 제 집을 뒤지기 시작합니다. 냉장고를 뒤집니다. 그리고 반찬을 새것으로 바꿉니다. 새로 산 식기나 필요한 생활도구는 감찰대상이 됩니다. 왜 샀냐고 취조를 합니다. 한 달에 한 번이면 꼭 이런 감찰활동이 벌어집니다. 그것도 불시감찰입니다. 인제 어떻게 들이닥칠지 모릅니다. 집을 항상 그들이 원하는 대로 깔끔하게 정리하고 있어야 합니다. 먹다가 남은 반찬은 경고사항이므로 안 보이는 곳에 버립니다. 내가 새로 산 물건에 대해선 항상 구매사유가 있어야 합니다. 취조대상이기 때문입니다.

(중략)

초등학교 6학년. 동생과 저는 아버지가 들어오는 시간이면 항상 집에 있어야 했습니다. 그렇지 않고 밖에서 놀고 있으면, 마당에서 엎드려서 각목으로 엉덩이를 수차례 맞아야 했습니다. 왜 맞아야 하는지 몰랐지만 그냥 저와 동생을 때립니다. 어느 날 저와 동생이 무슨 잘못을 했는지 모르겠지만 그날도 각목으로 엄청 맞았습니다. 동생이 반항을 합니다. 때리다가 때리다가 옆에 있던 장에 몽둥이가 빗맞았습니다. 장이 부서집니다. 정확히 각목 모양으로. 다음날 명절 연휴였던 것 같습니다. 아빠라는 사람이 저와 동생을 데리고 목욕탕에 갑니다. 동생 엉덩이가 보입니다. 온몸이 파란 멍 자국입니다. 제 몸도 짐작이 됩니다. 남들도 저와 동생을 다 보았을 겁니다. 동생이 음료수가 먹고 싶었던지 옆에 냉장고를 빤히 쳐다 봅니다. 제가 아빠에게 사달라고 했습니다. 들었는지 못 들었는지 반응이 없습니다.

엄마라는 사람과 있을 때는 엄마가 때립니다. 아빠라는 사람과 있을 때는 아빠가 때립니다. 비오는 어느 날에는 그 아빠라는 사람이 저와 동생의 옷을 모두 벗기고 대문 밖으로 쫓아냅니다. 뭘 잘못했는지 기억이 없습니다. 동네 사람들이 다 쳐다보고 지나갑니다. 주인아주머니가 들어가서 빕니다. 그날 그냥 그렇게 긴 시간을 홀딱 벗은 채로 비를 맞고 있었습니다.

친구들은 항상 신기해 했습니다. 집에 엄마 아빠가 없어도 전 절대 울지 않았거든요. 찾지도 않았고. 그리고 중학교에 입학한 것 같습니다. (후략)

이쯤 작성하다 보면 눈물이 날 것이다. 울어라. 울어야 한다. 작성을 이을 수 없다면 침대로 가 실컷 울었으면 한다. 누가 당신의 아픔에 대신 울어줄 순 없다. 스스로 실컷 울어야 한다. 이제껏 참으며 살아왔으니 지금이라도 실컷 울었으면 한다. 누가 눈물은 참는 것이라 했나. 눈물은 신께서 주신 가장 아름다운 치료제이다. 눈물로써 당신의 아픔을 닦아 내야 한다. 그리고 실컷 울었다면 작성을 끝까지 완수하길 바란다.

이제껏 아무에게나 말 못했던 기억,
불안에 떨게 한 모든 기억을 작성한다.

외친다. "내가 그때 얼마나 힘들었는지 알아!"

아픈 과거에
분노를 표출하세요

철권, 스트리트 파이터, 킹 오브 파이터즈, 드래곤 볼, 더블 드래곤, WWF. 모두 큰 인기를 끈 격투 게임이다. 캐릭터를 지정하여 각 스테이지마다 배정된 적과 격투를 한다. 화면에는 실제처럼 화려한 액션이 펼쳐지고 주먹, 발, 도구를 사용하여 상대를 잔인하게 공격한다. 상대를 쓰러뜨리지 않으면 내가 쓰러지기 때문에 더 강하고 더 많이 때려야 한다. 이유는 없다. 그냥 상대를 팬다. 그리고 상대가 피를 흘리며 쓰러지는 모습을 봄으로써 희열감을 얻는다.

슈퍼마리오, 소닉, 보글보글, 스노우 브라더스, 원더보이, 서유기, 닌자 거북이. 위에 언급된 격투용 게임보다는 약하지만 이 게임들도 부수는 게임들이다. 슈퍼마리오는 박치기로 벽돌을 깨고, 거북이를 밟아서 던지고, 입에서 불을 뿜어 적을 하나씩 해치우며 전진한다. 거북이는 그냥 지나가고 있는데 밟아야 한다. 그렇지 않으면 게임에 재미가 나지 않는다. 또 밟힌 거북이를 이용해 다른 거북이를 죽이는 모습에서는 희열감을 느낀다. 소닉도 슈퍼마리오와 같은 부류의 게임이다. 보글보글은 도구를 사용해 적을 죽인다. 공기방울로 적들을 제압한 후 몸통을 이용해 방울을 터트린다. 한꺼번에 많은 적을 없앨수록 그 짜릿함은 극에 달한다. 스노우 브라더스는 상대를 눈덩이를 만들어 굴린다. 그럼 적은 눈덩이가 부서짐과 함께 죽음을 맞이한다. 결국 상대를 죽이는 보글보글과 같은 부류이다. 원더보이의 잔인함은 대단하다. 돌도끼를 이용해서 그냥 걸어 다니는 동물들을 죽인다. 동물들이 무슨 죄가 있다고 그냥 던진다. 그럼 동물들은 도끼에 맞아 죽게 된다. 동물을 죽이면 점수가 올라간다. 단순히 점수를 올리자고 동물을 죽인다. 서유기와 닌자 거북이는 손에 무서운 도구를 들고 있다. 칼, 창, 갈쿠리 같은 위험한 도구를 들고 상대를 찌르고 벤다. 적들은 한 번에 죽지 않는다. 그래서 죽을 때까지 찌르고 찔러야 한다.

지상에서 적을 공격하는 탱크가 있다면, 공중에서 적을 공격하는 겔러그가 있다. 겔러그는 '1942' 등과 같은 슈팅게임으로 진화했으며, '펠콘'과 같이 시뮬레이션 게임으로 발전했다. 역시 핵심은 적을 부수는 게임이라는 것이다. 스마트폰 보급과 함께 어플리케이션 게임도 동반 성장하였다. 그중 가장 유명한 게임이 '앵그리 버드'이다. 돼지가 알을 훔처 도망간다는 설정으로 이루어져 있다. 앵그리 버드는 자폭을 감행하여 상대를 죽인다. 전 종족이 몸통 박치기로 자폭공격을 한다. 태평양전쟁에서 일본군이 했다는 가미가제와 다르지 않다. 자신이 죽어도 적을 죽이며 희열감을 느낀다. 포트리스 또한 마찬가지로 적을 쏘아서 부수는 게임이다. 부수는 게임의 절대고전은 테트리스이다. 블록을 일정하게 맞추면 정렬된 블록들이 재미있는 소리를 내며 부서진다. 스테이지별로 일정량의 블록을 부수면 무인들이 나와 춤을 추며 축하를 하기도 한다. 최대한 많이 부수라고 부추긴다. 테트리스의 카타르시스는 일자형 막대블록을 사용해서 많은 양의 블록을 한꺼번에 부술 때 극에 달한다. 일자 막대기가 선사하는 대량폭발의 카타르시스를 느끼기 위해 일부러 블록이 쌓이는 모양을 조정하기도 한다.

삼국지를 시작으로 적을 공격해 자신의 영역을 만드는 게임이 등장하기 시작한다. 스타크래프트, 리니지, 리그오브레전드, 아이온, 서든어택, 워크래프트. 온라인을 기반으로 이루어지는 게임들이다. 이 게임들은 적을 죽일 뿐만 아니라 자신의 영역을 구축한다. 상대를 없애고 자신의 계급을 상승시킨다. 실제 전쟁과 다르지 않다. 전쟁의 잔인성이 온라인에서 나타난다.

오프라인의 스트레스 해소용으로 사용되는 불멸의 게임은 두더지 잡기, 펀치 등이다. 유흥가에 가면 두더지와 펀지를 하거나 공을 차는 게임을 하는 사람들을 어렵지 않게 볼 수 있다. 펀치를 치거나 공을 차는 동작을 보면 멀리서 달려와 온 몸에 체중을 실어서 가격한다. 기계를 부술 듯 강타한다. 가슴 속에 무슨 한이 있는지 최대한 강타한다.

온라인이건 오프라인이건 당장의 스트레스는 때리고 부수는 행동으로 푼다. 너무 화가 나 때리고 싶은 억압된 감정을 사회가 허용하는 방법으로 푸는 것이다. 만약 위에서 언급한 모든 게임들이 실제로 발생한다고 하면 3차 세계대전이 일어날지도 모를 일이다.

정신분석학의 아버지 지그문트 프로이트(Sigmund Freud, 1856~1939)는 인간의 정신이 의식, 전의식, 무의식으로 구성된 지형적 모습을 하고 있다고 설명한다. 이에 뒤이어 구조적으로는 자아(Ego), 초자아(Superego), 원본능(Id)으로 인간의 정신은 구조된다고 설명한다. 초자아는 이성적 부분이다. 예를 들어 공부나 학습을 통해 얻어진 지식이나 도덕적 관념을 말한다. 원본능은 감성적 부분이다. 원본능은 리비도라고 불리는 인간의 성적욕망과 공격성으로 구성되어 있다. 우리가 주목해야 할 부분은 이 원본능이다.

흔히 우리는 화를 내는 사람에게 '참아라'는 말을 한다. 하지만 분노는 중금속과 같다. 체내에 들어오면 쌓여 병을 일으키기도 한다. 분노는 우리 몸에 들어와 심장박동을 빠르게 만들고 온 몸의 근육을 긴장하게 한다. 분노는 참는 것이 아니라 풀어야 하는 것이다. 하지만 어린 시절부터 누군가에 참아야 한다는 강요를 받았거나, 분노를 풀어내는 교육을 받지 못한 사람은 분노의 감정을 억압하게 된다. 억압된 감정은 분명히 다른 형태로 나타난다.

억압된 감정은 이성을 사용하는 평소에는 잘 나타나지 않는다. 하지만 과거와 비슷한 상황이 발생하면 무의식 속에 있던 억압된 감정은 살아난다. 주인이 매일 강아지를 한 대씩 때리면 그 강아지는 근처에 사람들이 오기만 해도 피하게 된다. 또는 사람만 보면 짖어대는 매우 공격적인 개로 변하기도 한다. 사람도 마찬가지다. 술만 마시면 했던 이야기를 또 하고 또 하는 사람이 있는가 하면 우는 사람도 있다. 작은 사건에도 자신을 공격한다고 생각하거나, 자신이 버림받았다고 느끼는 사람도 있다. 모두 감정이 억압되어 나타난 현상이다.

평소 의심이 대단한 사람이 있다. 퇴근 전 자신의 책상 밑에 자신만이 알 수 있게 종잇조각을 떨어뜨리고, 다음날 아침에 그 종잇조각이 청소되었는지를 확인하는 사람에 대해서 들은 적이 있다. 충성심을 의심해서 확인하는 행동이다. 연인끼리 또는 부부끼리 상대의 충성심을 확인하는 사람도 있다. 이런 사람은 '내가 이렇게 하면 저 사람은 어떻게 행동을 할까' 하고 간을 본다. 연인 또는 배우자에게 일부러 화난 척을 한다거나 엉뚱한 말을 하여 상대의 간을 떠본다. 남자친구의 사무실로 전화를 해서 "지금 사랑한다고 큰 소리로 외쳐봐"라고 하는 여성의 행동도 같은 맥락이다. 이런 사람은 버림받은 기억이 많아 '이 사람도 날 떠나지 않을까' 하고 무의식적으로 행동하는 것이다. 모두 억압된 감정 때문이다. 억압된 감정을 풀어내지 않으면 몸과 마음에 병이 들고 대인관계에 악영향을 미칠 수밖에 없다.

위에 언급한 게임들을 하는 이유는 '스트레스를 풀기 위해서'라고 한다. 모두 공격을 하는 방식으로 이루어져 있다. 누군가가 때리면 아파하고 화를 내야 한다. 구속하면 답답해 해야 한다. 집과 학교에서 공부라는 명목으로 구속당하는 학생의 경우 게임을 통해 공격성을 폭발시키기도 한다. 또는 농구, 축구 등과 같은 운동으로 공격성을 건전하게 폭발시키기도 한다. 담배와 술 같은 욕구를 통해 리비도를 충족하기도 한다. 남자들이 군대에서 휴가를 나오면 가장 먼저 하는 행동이 술과 여자이다. 군대에서 축구, 족구와 같이 공을 차는 운동을 즐기는 이유도 모두 억압된 공격성을 풀기 위한 방법이다.

하지만 7살 어린아이라고 한다면 상황이 다르다. 그 아이를 때리는 대상이 아버지라고 가정해보자. 그렇다면 7살 어린아이는 아무런 대항을 하지 못하고 그냥 맞고만 있어야 한다. 그 아이의 공격성은 어떻게 풀어야 할까? 엄마는 매일 직장에서 늦게 들어온다. 그 아이의 리비도는 풀 수가 없다. 아무리 사나운 사냥개라도 강아지 때부터 주인에게 맞고 자란 사냥개는 주인에게 덤비지 못한다. 안타까운 이야기이지만 부모자식 간에 이런 관계가 만들어졌다면 평생 당신의 발목을 잡을 수 있다. 어릴 적 억압된 본능은 풀지 못하면 평생을 간다. 그리고 당신의 발목을 잡고 있는 상처가 그때의 상처이다. 당신의 발목을 잡고 있는 억압된 감정도 이와 같은 방법으로 풀어야 한다. 태어나서부터 지금까지의 모든 부정적 감정을. 하지만 방법은 조금 다르다. 사형이다.

작성된 이혼 소장은 당신의 평생의 상처가 기록되어 있다. 그리고 일종의 살생부 형태를 갖추고 있다. 집행 대상(피고)과 죄목(청구원인) 또한 작성되어 있다. 나를 수치심에 빠트리고 불안에 떨게 한 기억들은 죽어 마땅한다. 살생부가 완성되었으니 이제 사형을 집행하러 간다. 시간은 저녁 10시 쯤 어두운 밤이 적당하다. 살생부를 옆에 차고 참형을 행하러 등장하는 망나니처럼 사형장으로 입장한다. 야구연습장으로.

땀을 닦기 위한 수건과 1.5리터 음료수도 준비한다. 많은 사람들에게 방망이를 휘둘러야 하니 사형집행 중 목이 마르고 땀이 날 것이다. 타격용 장갑은 사형의 완성도를 높인다. 마음가짐을 단단히 해야 한다. 중간에 힘이 들어 쓰러질 수도 있다. 타격장에 도착했다면 만 원짜리 몇 장을 500원짜리 동전으로 모두 바꾼다. 동전은 많을수록 좋다. 사형집행 중에 감정의 흐름이 끊어지면 안 되기 때문이다. 사형 순서는 소장을 작성한 순서에 따른다.

스마트폰 게임이나 인터넷 플래시 게임 중에 스트레스 해소용 게임이 있다. 한 플래시 게임 사이트에 스트레스 해소용 게임 중 가장 많은 조회 수를 차지한 게임은 나쁜 사람 때리기 게임이다. 사람의 이름을 작성하고 주먹으로 화면에 나타난 사람의 앞면을 가격하는 방식이다. 맞은 사람의 얼굴은 코피를 흘리고 멍이 들며 이가 빠진다. 그래도 주먹, 도구 등을 사용해서 계속 때린다. 심지어 이름까지 지정할 수 있으니 얼마나 잔인한가. 그런데 그 게임이 1위를 차지하는 이유는 분명히 있다. 공을 그냥 때리는 것과 상대를 떠올리며 때리는 것은 분명히 다르다.

영화 '귀여운 여인(1990, 게리 마샬 감독)'의 에드워드 루이스(리차드 기어 분)와 비비안 워드(줄리아 로버츠 분)의 대화이다.

에드워드 : 어머니는 음악선생님이셨는데 부자인 아버지와 결혼 했지만 다른 여자가 생겨 이혼했지. 돈 한 푼 못 받고 말야. 그후 어머니가 돌아가셨고 난 아버지를 증오했지. (아버지께) 그렇게 말했더니 병원에 보냈어. 치료비가 1만 달러라더군. 다시 말하지만 난 아버지를 증오해요. 안녕하세요. 전 루이스라고 하는데 전 아버지를 증오해요.

비 비 안 : 그런 치료비가 1만 달러라니 미치겠네.

에드워드 : 아버지가 3류 회사의 회장이셨는데, 내가 사들여서 조각조각 찢어 팔았지.

비 비 안 : 정신과 의사는 뭐래요?

에드워드 : 병이 다 나았대.

타격장에 입장한다. 소장에 작성된 첫 사람의 얼굴과 상처를 떠올린다. 동전을 넣는다. 기계가 움직이며 소리를 내기 시작한다. 자세를 잡는다. 방망이를 든다. 계속 집행 대상의 얼굴과 상처를 떠올린다. 팡! 공이 날아온다. 때려! 팡, 상처가 날아온다. 때려! 팡, 당시 고통이 날아온다. 때려! 팡, 그 녀석의 얼굴이 날아온다. 부셔! 이렇게 10개, 20개를 감정을 떠올리며 부순다.

제한 시간이 끝나면 감정이 끊어지지 않도록 곧바로 동전을 넣는다. 준비되는 시간에 그 사람에게 죽어 마땅한 이유를 중얼거린다. 감정이 끊어져서는 안 된다. 다시 공이 날아오면 시원하게 부순다. 대충 부셔서는 안 된다. 완전히 박살을 내고 가루로 만들어야 한다. 방망이를 휘두를 때마다 욕을 하라. 당신이 욕을 한다고 해도 주위에 신경 쓸 사람은 아무도 없다. 다시 자세를 잡는다. 팡, 그 녀석의 얼굴이 날아온다. 부셔! 이런 방식으로 공을 때리다보면 어느 순간 사형이 완료되었음을 느낄 수 있다. 단순히 몇 개의 공만으로는 안 된다. 한 사람당 100개 이상의 공을 쳐야 한다. 상처가 많이 기록된 대상일수록 더욱 많은 공으로 사형을 집행해야 한다. 소장에 작성된 청구원인 하나하나에 대해 방망이를 날린다.

한 사람에 대한 사형집행이 끝났다면 다음 사람으로 집행을 이어간다. 이렇게 한 사람, 한 사람씩 모든 상처에 방망이를 날려야 한다. 어느 순간 사형집행이 힘들어지는 순간에 도착할 수 있다. 바로 부모다. 고민이 많이 될 것이다. 엄청난 갈등이다. 과연 부모에게까지 방망이를 휘둘러야 하는지 말이다. 죄책감 가질 필요는 없다. 당신을 낳아주시고 키워주신 사실은 맞지만 상처 또한 분명히 주었다. 방망이를 휘두르는 대상은 낳아주신 부모가 아니라, 당신 기억 속에 자리 잡은 상처를 준 부모다. 그럴수록 더욱 방망이를 휘둘러야 한다. 애증에서 '증' 만을 죽이기 위함이다. 그들의 사랑만을 당신의 기억 속에 남기기 위함이다. 철저하게 '애' 와 '증' 의 감정을 분리하고 타격장에 입장한다. 아픈 과거에 당당하게 방망이를 휘둘러라.

타격장에 입장한다. 과연 부모님을 향해 방망이를 휘두를 수 있을지 고민이 될 것이다. 하지만 동전을 넣어야 한다. 기계가 작동하고 공이 날아온다. 다시 예전에 상처를 떠올려야 한다. 때린다. 기억을 떠올린다. 때려! 기억을 떠올린다. 부셔! 그들의 얼굴이 날아온다. 외친다. "내가 그때 얼마나 힘들었는지 알아!"

이렇게 모든 사람의 사형집행이 완료되었다. 벤치에 앉아 공기를 느끼며 지난 과거를 생각해보라. 승리자의 미소가 무엇인지 느껴도 좋다. 소장에 작성된 사람들을 생각하면 '괜찮아, 괜찮아. 이해해…' 라는 말이 가슴 속으로 스며듦에 만족감이 느껴질 것이다. 축하한다. 당신이 과거의 상처를 이겼다.

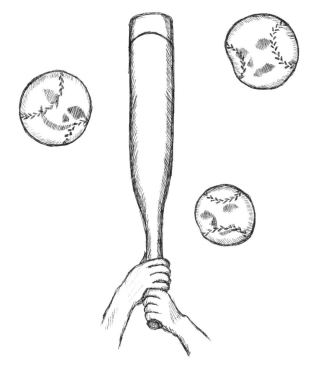

골프를 한다면 방망이 대신 드라이버를 들어도 좋습니다.

"괜찮아. 다 이해해…"

이별하기
5

상처가 만들어낸
심상을 토해내세요

2008 베이징 올림픽에서 한판승으로 시원하게 금메달을 딴 최민호 선수. 그도 한때 3위병으로 힘든 시절이 있었다. 2003년 세계선수권대회 이후 계속 3위를 벗어나지 못했던 것이다. 인터뷰에 따르면 최민호 선수는 당시 3위의 기억이 자신을 사로잡았다고 한다. 경기를 시작하면 3위를 했던 기억이 떠올라 벗어나려 해도 벗어날 수 없었다고 한다. 이것이 최민호 선수를 괴롭힌 부정적 '심상'이다. 과거를 회상할 때 눈앞에 보이는 심상은 자신이 겪었던 경험과 당시 느낀 감정이 섞여 신념으로 나타난다. 그리고 신념이 있는 심상은 현실을 이긴다.

최민호 선수는 자신을 괴롭혔던 심상을 역 이용하였다. 그는 베이징 올림픽 전, 상대선수가 다가오면 한판으로 이기는 심상훈련을 했다. 결과는 시원한 한판승이었다. 심상이 현실을 이김을 증명하는 대표적인 분야가 스포츠이다. 운동선수가 실제 운동행위를 할 때와 심상을 통해 상상으로만 운동행위를 할 때를 근전도 테스트를 이용해 관찰하면 매우 유사한 결과를 얻을 수 있다. 골프선수 타이거우즈, 전설의 골퍼 잭 니클라우스가 심상훈련의 대표적인 사례이다. 긍정적인 심상은 자신을 긍정적인 방향으로 이끌지만 부정적인 심상은 발목을 붙잡는다.

소장 작성을 통해 당신이 받았던 상처를 눈을 감고 떠올려 본다. 어떤 기분이 드는가? 이런 기억들이 잠들기 전 침대 위에서, 직장에서, 길에서, 대화를 하다가, TV를 보다가도 불쑥불쑥 떠오르곤 할 것이다. 그리고 그런 기억들이 당신을 괴롭힐 것이다. 어떤 사람은 자신의 집 앞에 누군가가 주차를 하더라도 별 화를 내지 않지만, 누군가는 불같이 화를 내며 당장 차를 다른 곳으로 이동하라고 항의하기도 한다. 후자의 경우에는 과거에 주차로 인한 피해, 또는 유사한 상처로 '그런 일은 나에게 피해를 준다. 그리고 나에게 피해를 주는 것은 참을 수 없는 일이다'라는 심상이 있기 때문이다. 어떤 사람은 강아지가 꼬리를 흔들면 귀엽다고 쓰다듬지만 어떤 사람은 무서워서 도망간다. 후자의 경우에는 어릴 적 강아지에게 물린 경험이 있거나 비슷한 경험으로 '강아지는 무섭다'라는 심상이 있기 때문이다. 사람의 행동은 심상이 만들어낸 결과이다. 유감스러운 이야기이지만, 매우 미운사람이 있거나 주위 사람들이 당신을 괴롭힌다고 생각한다면 심상이 그렇기 때문이다. 당신이 강아지를 무서워한다고 모든 사람들이 강아지를 무서워하지는 않는다. 하지만 문제는 부정적 심상은 '자, 오늘부터 긍정적으로 바꾸자' 라고 해서 바뀌지 않는다는 것이다.

불안장애 중 공포증이 있다. 공포증이란, 특정 대상이나 상황에 대하여 공포를 느껴 회피하는 증상을 말한다. 공포증은 특정공포증, 광장공포증, 사회공포증으로 구분된다. 특정공포증은 동물이나 특정한 사물, 현상에 공포를 느끼는 증상을 말한다. 뱀, 새, 쥐 등의 동물의 이야기만 들어도 몸서리를 치는 사람이 있다. 또는 비가 오거나 바람이 심하게 불거나 번개가 치는 등의 상황에 공포를 느끼는 사람이 있다. 병원을 회피하고 피, 주사 등에 대해서 유난히 겁을 많이 느끼는 사람도 있다. 구토, 질식, 특정음악, 광대, 풍선 등에 공포를 느끼는 사람도 있다. 이런 공포증이 특정공포증이다.

광장공포증은 특정장소에 공포를 느끼는 증상이다. 사회공포증은 사람들 앞에서 발표를 할 때, 다른 사람들 앞에서 무엇을 해야 할 때, 낯선 사람들과 이야기를 할 때, 이성과 이야기를 할 때, 권위자와 이야기를 할 때, 여러 사람들과 어울려 이야기할 때, 식당에서 식사를 할 때, 다른 사람들 앞에서 글씨를 쓸 때, 공중화장실을 이용할 때 등 사회활동에서 공포를 느끼는 증상을 말한다.

모든 공포증에는 상황형 공포증이 따른다. 대중교통, 터널, 교각, 엘리베이터, 폐쇄 공간 등에서 공포를 느끼는 증상이다. 또한 모든 공포증은 최근 연예인들의 고백으로 이슈가 되고 있는 공황장애로 발전할 수 있습니다. 그리고 공포증은 역 공포적 태도를 보이기도 한다. 암벽등반, 낙하, 분노의 질주 등을 통해 공포를 즐기는 행동을 말한다.

　공황장애로 발전할 수 있는 이런 공포증을 단 두 글자로 줄이면 '전위'라고 한다. 아버지에게 혼나고 동생에게 화풀이하는 행동을 전위라고 한다. 전위는 예전에 당한 작은 일을 크게 여겨 편견을 만들어낸다. 그렇지 않아도 아버지에게 혼이 나서 화가 나있는데 옆에 있는 동생이 사소한 행동을 하더라도 동생이 크게 잘못한 것으로 여긴다. 동생은 잘못한 것이 없다. 화는 아버지로부터 받았다. 그런데 괜히 동생이 밉다. 동물을 특히 무서워하거나 특정 공간을 무서워하거나 특정상황을 무서워하거나 하는 등의 공포는 모두 전위된 증상이다. 과거에 어느 순간에 느낀 불안감이 특정대상에게 느껴지는 현상이다. 분노의 질주를 즐기거나 위험한 운동을 즐기는 경우에도 과거의 불안감이 전위된 증상이다. 과거의 상처는 전위되어 부정적 심상을 만들어낸다. 배우자가 집을 나서면 괜히 불안해지고, 배우자가 집에 누운 모습만 보더라도 괜히 미워진다. 문제는 부정적 심상을 어떻게 바꾸느냐이다. 방법은 부정적 심상을 몸 밖으로 토해내는 것이다.

　우리는 스트레스를 받으면 노래방에 간다. 노래방의 미학은 토해내기이다. 하지만 대상을 정확히 결정하고 토하는 것과 그렇지 않은 것은 엄청난 차이가 있다. 그냥 소리를 지르는 행동은 몸만 학대하는 행동에 지나지 않는다. 토해야 하는 감정에 집중을 해서 토해내야 한다.

1. 야구연습장에서 분노표출을 할 수 없는 경우

야구연습장에서 분노표출을 하는 방법은 많은 체력을 필요로 하므로, 체력이 약한 사람에게는 적합하지 않을 수 있다. 하지만 과거의 상처는 모두 빼야 한다. 과거의 상처를 당신이 안고 '그래도 앞으로 잘 살 수 있어'라고 생각하는 것은 무리한 자기 확신이다. 과거의 상처는 늘 현재를 붙잡고 있다. 과거를 바꾸지 않으면 현재가 바뀌지 않고, 현재가 바뀌지 않으면 아름다운 미래는 기대할 수 없다. 타임머신을 타고 가서 과거를 바꿀 수도 없는 일이다. 현대 과학은 타임머신을 만들지 못했다. 하지만 과거의 감정은 뺄 수 있다. 과거의 사건으로 인한 감정을 토해내는 방법을 통해 현재를 붙잡는 부정적 신념을 바꿀 수 있다. 아픔 토해내기를 통해 부정적 신념이 된 심상을 모두 토해내길 바란다. 과거를 모두 토해낸다는 각오로 임해야 한다.

밤 10시. 땀을 닦을 수건과 마실 물을 준비한다. 1시간 이상 소리를 질러야 하기 때문에 목이 타며, 얼굴은 땀과 눈물로 범벅이 될 것이다. 차를 몰고 아무도 찾지 않을 만한 곳으로 이동한다. 산 중턱을 지나는 지방도도 좋고, 넓은 대로의 갓길도 좋다. 단, 아무도 없는 곳이어야 한다. 차를 주차시킨다. 소장을 잠시 읽어보고 예전의 감정을 떠올린다. 차의 시동과 모든 조명을 끈다. 눈을 감는다. 크게 호흡을 한다. 들이쉬고 내쉬고, 들이쉬고 내쉬고, 들이쉬고 내쉬고. 크게 호흡을 세 번 한다. 이제 평상시 호흡으로 돌아간다. 한 사람을 떠올린다. 받은 상처 한 가지를 떠올린다. 사건에 대한 감정을 충분히 느낀다. 몸이 떨리고 얼굴의 근육도 떨려야 한다. 최대한 생생하게 당시 사건을 떠올린다. 숨을 크게 들이쉰다. 내쉰다. 다시 상처들을 떠올리며 숨을 단전까지 들이쉰다. 이제 단전에서부터 감정을 끌어올린다. 그리고 터트린다. 질러! "야! 이 자식아!!!"

계속 한 사람과 그 사건을 상상한다. 상대에게 하고 싶은 말을 숨기지 말고 토해낸다. 아무도 보지 않는 곳이다. 숨기지 말고 감정을 토해낸다. 최대한 잔인한 욕과 잔인한 말을 동원해 기억 속 대상에게 분노를 폭발시킨다. 상대가 죽이고 싶을 정도로 밉다면, 상상 속에서 잔인한 방법을 동원하여 대상을 죽여도 좋다. 쉼 없이 분노를 끌어올린다. 소리를 지르는 동안 단전에서 명치를 지나 목을 타고 무언가 울컥울컥 올라와야 한다. 구토하는 느낌을 받아야 한다. 몸으로는 계속 분노를 뽑아 올린다. 머릿속에서는 상대가 미운 만큼 잔인하게 공격해야 한다. 패고 싶으면 패고, 죽이고 싶으면 죽여도 좋다. 괜찮다. 아무도 없는 곳이다. 그리고 죄책감 가질 필요는 없다. 죽이는 대상은 그 사람이 아니라 과거의 상처가 만들어낸 심상이다. 딱 한 사람에게 집중하고 분노에 찬 괴성과 잔인한 상상을 쉬어서는 안 된다. 계속 지른다. "야! 이 자식아!!!" 대상은 이혼소장에 작성된 피고와 청구원인 모두이다.

이 방법을 통해 한 사람에 대한 분노를 계속 끌어올리다 보면 배 속에서 무언가 전부 나온 느낌이 든다. 더 이상 토해낼 분노가 없음을 느낀다. 상상 속에서 상대를 공격하기에 미안한 마음이 든다. 그렇다면 한 사람에 상처가 모두 토해졌다고 봐도 좋다. 어쩌면 상상 속에서 상대를 안고 있을 수도 있다. 미워하고, 미워하고, 미워하다보면 상대에 대해 아무것도 남지 않았음을 느낀다. 그렇다면 이제 다음 사람으로 상상을 연결한다. 단, 모든 사람, 모든 상처에 대한 상상이 끝날 때까지 절대 눈을 떠서는 안 된다. 역시 가장 힘든 과정은 부모에 대한 집행이다. 괜찮다. 당신이 욕을 하고 몸을 찢을 대상은 부모가 아니라 상처가 만들어낸 심상이다. 죄책감 갖지 않았으면 한다. 이렇게 상처를 토해내야만 부모와 좀 더 가까워질 수 있다.

살생부에 작성된 모든 사람에 대한 분노가 빠져 나왔다면 눈을 뜬다. 자동차의 모든 유리는 습기로 하얗게 변해 있을 것이다. 자동차 문은 잠시 열어 두어도 좋다. 차 밖으로 나와 멀리 바라보라. 바람에 머리카락이 한 가닥 한 가닥 흔들림을 느껴 본다. 코로 들어오는 풀 내음에게 인사를 건네 보라. 그리고 말하라. "괜찮아. 다 이해해…"

축하한다. 드디어 과거의 상처를 모두 토해냈다.

2. 과거의 상처가 떠오르는 경우

소장에 작성된 분노를 모두 토해냈다고 하더라도 기억하지 못했던 과거의 상처가 남아있을 수 있다. 소장을 작성하고 상처를 빼내기 시작하면 잊었던 과거의 기억이 떠오르곤 한다. 주로 길을 걷거나 운전을 하는 동안 불쑥불쑥 화가 치밀어 오르곤 한다. '아, 그때!' 하면서 말이다. 생각이 많아져서 그렇다. 이런 기억도 최대한 빨리 지워야 한다. 그렇지 않으면 부정적인 심상들이 당신을 따라다니게 된다.

이런 심상을 지우는 법 또한 토해내기가 효과적이다. 하지만 위의 방법처럼 소리를 지르지는 않는다. 위의 방법이 너무 강력하기 때문에 자주 사용하게 되면 오히려 역효과가 나올 수 있다. 잊었던 상처가 떠올라 토해내는 방법은 위의 방법보다 간단하다. 방에 불을 끄고 편안하게 눕는다. 눈을 감고 크게 세 번 정도 호흡을 한다. 몸에 힘을 충분히 뺀다. 눈을 그대로 감고 당시 화가 났던 상황을 떠올린다. 최대한 생생하게 상상한다. 그리고 하고 싶은 이야기를 입 밖으로 토해낸다. 당시 상황을 중얼거리며, 욕을 하고 싶으면 욕을 하고 대상에게 하고 싶은 이야기가 있으면 이야기를 한다. 너무 화가 나서 상대에게 분노를 터뜨리고 싶다면 상상 속에서 상대에게 분노를 토해낸다. 때리고 싶으면 때리고 더 잔인한 방법을 사용하고 싶으면 잔인한 방법을 사용해도 좋다. 단, 화가 풀릴 때까지 상상과 중얼거림을 끊지 말고 지속해야 한다. 중간에 상상이 끊기면 분노만 더 커질 뿐이다. 미워하고 미워하다보면 어느새 상대를 미워할 마음이 없어진다. 그리고 상상 속에서 상대에게 "괜찮아요. 다 이해해요"라며 상대를 안고 있을 수도 있다.

3. 생활 중 상처받은 경우

직장생활을 하는 등의 사회활동을 하는 경우에 타인으로부터 상처를 받을 수 있다. 그리고 그 상처로 인해 상대와 만나기가 껄끄러울 수 있다. 이런 상처가 상대를 바라보는 부정적 신념이 된다. '넌 나에게 상처 준 사람이야'라고 여기는. 이렇게 상대를 바라보게 되면 상대와 함께 활동하기가 꺼려질 수 있다. 이런 부정적 심상이 스스로 대인관계 범위를 좁히는 원인이 된다. 생활 중 타인으로부터 상처받은 경우도 즉시 상처를 토해내길 바란다. 방법은 2번과 동일하다.

마음 속에 있는 상처를 모조리 토해냅니다.

영화 '네버엔딩 스토리(2012, 정용주 감독)'의 강동주(엄태웅 분)와
오송경(정려원 분)의 대화이다.

송경 : 아니, 왜 욕을 하고 그래.
동주 : 아니, 그럼 넌 뭐 욕 안하고 사냐?
송경 : 나 욕 안해.
동주 : 진짜? 평생 한 번도?
송경 : 응, 단 한 번도.
동주 : 왜?
송경 : 교양 있게 살다가 품위있는 데 시집가려고 그랬지.

동주 : 속물스럽기는. 야, 욕도 하고 그러는 게 인간다운 거야.
　　　사람이 어떻게 욕도 한 번도 안하고 사냐?
　　　아후, 난 딴 건 몰라도 몸뚱아리 하나는 자신 있었는데.
　　　난 이 마당에 욕도 안 하면 화병으로 죽었을 거야.
　　　억울하잖아. 난 진짜 착하게 살았는데. 아후, 씨발.
　　　또 욕 나오려고 그러네.
송경 : 씨, 씨발.
동주 : 그렇게 해가지고 스트레스가 풀리나?
　　　크게 해봐, 이렇게. 씨발! 이렇게.
송경 : 씨발! 오, 그러게. 좀 풀리는 거 같기도 하고.
동주 : 그럼 내가 거짓말하냐.
송경 : (창문 밖으로 고개를 내밀고 고함을 지른다)
　　　씨발! 억울해! 올해만 참으면 내년에는 더 잘 살 수 있겠지.
　　　더 행복해지겠지. 그런 생각하고 진짜 열심히 살았는데.
　　　이게 뭐야. 왜 나만 갖고 그래.

나에 대한 자신감은 나를 앎으로써 만들어진다

걸으며
나와 대화하세요

생활 속의 많은 일에 대해 지나친 걱정(특히 질병, 건강, 손상 등)을
한다.

늘 불안하고 초조하여 주의집중이 안 된다.

가장자리에 선 느낌이 든다. 쉽게 피로해진다.

주의집중 곤란 또는 멍해지는 느낌이 든다.

근육이 긴장되며, 쉽게 짜증이 나고 수면곤란이 나타난다.

어지러움, 두통, 땀, 두근거림, 입 마름, 어깨긴장이 지속된다.

걱정에 대한 걱정이 생긴다.

걱정은 나를 미치게 만들 것이다.

나는 걱정을 통제할 수 없다.

걱정하는 것은 이상한 것이다.

걱정은 나쁜 일을 일어나게 만들 수 있다.

(학지사 이상심리학시리즈 범불안장애(2000, 이용승 저) 인용)

이 정도의 걱정이면 일종의 병이다. 의존성과 회피성 성격에서 자주 발견되는 '범불안장애'이다. 하지만 분노표출과 토해내기를 통해 상처를 빼냈다고 하더라도 아직 당신을 붙잡고 있는 고민이 있을 수 있다. 직장을 계속 다녀야 하는지, 사업을 계속 해야 하는지, 이혼을 해야 하는지, 가는 길이 맞는지, 진정 원하는 일은 무엇인지…. 이런 고민들이 있으면 늘 불안할 수밖에 없다. 당신을 혼란스럽게 하는 고민의 실타래를 풀 때가 되었다.

하지만 고민을 집중해야 할 순서는 정해져 있다. 우선 '나'에 대하여 생각해야 한다. 그 고민은 모두 '나'의 것이다. 타인과 나의 인생은 분명히 다르다. 주위 환경도 다르다. 가치관도 다르고 능력도 다르다. 따라서 그 고민은 당신의 능력, 환경, 가치관에 따라 해결방향이 결정되는 지극히 주관적 문제이다. '나'를 알지 못하면 고민의 해결법은 어긋날 수 있다. '나'를 찾아야 한다.

미국의 심리학자 윌리엄 제임스(William James, 1842-1910)는 '나'를 세 가지로 구분한다. 물질적, 사회적 그리고 정신적. 물질적 '나'는 외모의 매력, 건강과 체력, 재산으로 구분된다. 사회적 '나'는 인간관계, 가족관계, 사회적 신분으로 구성된다. 정신적 '나'는 성격, 지적, 자기조절, 지식수준, 직무능력, 인생관 및 가치관으로 구분된다. 물질적 '나'를 판단하는 것이 가장 쉽다.

다음으로 판단하기 어려운 자신은 사회적 '나'이다. '나'의 교유관계가 좋은지, 가족관계에서 어떤 아들이며 자식이며 부모로서 잘하고 있는지 말이다.

가장 판단하기 어려운 부분이 정신적인 '나'이다.

정신적인 '나'를 정확히 인지하고 있을 때 자존감은 높아진다. 자존감이 부족한 사람들은 이렇게 이야기한다. "관심받고 싶어요. 사랑받고 싶어요." 그래서 물질적, 사회적인 집착을 한다. 돈, 권력, 인기 등으로 자신의 가슴 속에 빈 공간을 채우려 한다. 정신적인 '나'를 찾지 못하면 물질적 · 사회적 문제를 해결할 수 없다. 채워도, 채워도 늘 어느 한 구석 어느 부분이 채워지지 않은 느낌을 받기 때문이다. 평소 고민이 많은 사람이 있다. '나'를 모르기 때문에, 나에 대한 자신감이 없어서 그렇다. 자신의 장점과 단점을 알고 있다면 대부분의 고민은 쉽게 해결된다. 나에 대한 자신감은 나를 앎으로써 만들어진다. '나'는 누구인가를 알아야 한다. 해답은 야간 행군이다.

40㎞. 시간은 약 12시간 소요된다. 행군을 하는 방법은 의외로 쉽다. 걸으면서 '나는 누구인가?'와 당신을 괴롭히고 있는 고민에 집중하는

것이다. 야간 행군을 위한 적당한 장소를 미리 찾을 필요가 있다. 40㎞ 거리의 조용한 강변, 시골길 또는 바닷가를 권한다. 채비는 마실 물, 초콜릿, 오이 4개, 랜턴, 수건, 지도만 준비한다. 10시간 이상을 어둠 속에서 걸어야 하므로 일몰 시간에 맞추어 출발지로 정한 장소에 도착한다. 하절기의 경우 행군을 마치면 일출을 볼 수도 있다. 출발 전 복장을 단단히 정비한다. 복장 때문에 행군이 망치는 일은 없어야 한다.

행군을 떠나기 전 '참고 2. 성격 찾기 예제'를 통해 꼼꼼하게 자신의 사고와 행동을 찾아본다. 자신의 성격을 확인한다. 그리고 인정해야 한다. 인정하지 않은 것은 바꿀 수가 없다. 행군을 하면서 자신의 성격이 만들어진 원인을 발견해야 한다. 성격이 만들어진 원인을 발견했을 때 진정한 자신을 찾을 수 있다. 성격은 여러 가지가 혼재돼 있을 수 있다.

행군을 시작한다. 자녀가 있다면 우선 '부모로서의 나'에 대해 생각을 한다. 걷는다. 머릿속에선 계속 '부모로서의 나'를 생각한다. 집중한다. 자신과 대화한다. 지금 자녀가 진정으로 원하는 것이 무엇인지, 자신이 자녀가 원하는 바를 채워주고 있는지, 왜 당신은 그렇게 행동하는지. 그 방법이 올바른지, 어떻게 해야 하는지 자신과 대화한다. 스스로 질문하고 답하는 과정을 반복하면서 말을 주고받는다. '부모로서의 나'와 지금 행군을 하고 있는 당신이 대화해야 한다. 질문하고 답하고. 질문하고 답하는 과정을 계속 이어나간다. 이렇게 계속 자신과의 대화를 이어나가다 보면 어느새 '부모로서의 나'와 대화를 마치고 '부모'라는 당신을 발견할 수 있다.

그 다음으로는 '배우자로서의 나'로 대화의 주제를 바꾼다.

'배우자로서의 나'에 대한 대화도 마쳤다면 이젠 '자식으로서의 나'와 대화를 한다. 부모가 나에게 바라는 것은 무엇인지, 내가 부모에게 진정으로 효도하는 길이 무엇인지, 어떻게 해야 하는지 계속 대화한다.

'자식으로서의 나'와 대화하는 일은 상당히 중요하다. 당신과 부모가 함께 지냈던 수십 년을 다시 되짚는 일이다. 이 과정에서 당신의 습관과 성향이 만들어진 이유를 발견해야 한다. 당신이 잘 하는 일이나 못하는 일, 또는 사회적 역할과 그 역할을 수행하고 싶었던 이유, 또는 하기 싫어도 할 수밖에 없었던 이유. 원인은 분명히 존재한다. 현재가 만들어진 인과관계를 스스로 밝혀내야 한다. 스스로 질문하고 답을 한다. 그 답에 다시 질문을 하고 다시 답한다. 다시 나온 답에 다시 질문을 하고 또 답을 한다. 이런 변증법적 방법을 통해 진정한 '나'를 찾을 때까지 '자식으로서의 나'와 계속 대화한다. 어느 순간 '아! 그렇구나!' 하며 자신을 발견하게 된다.

이런 발견을 자기통찰이라고 부른다. 이렇게 찾은 '나'는 단순히 심리검사지를 통해 알게 된 '나'와는 결과적으로 다르다. 어려운 수학문제일수록 답안지의 해설을 보지 않고 풀어야만 그 문제를 정확히 알 수 있다. 답안지의 해설을 보게 된다면 시험에 같은 유형의 문제가 나와도 틀리기 마련이다.

'자식으로서의 나'와 대화를 마쳤다면 이젠 현안 문제로 고민을 넘긴다. 걸으면서 고민해보라. 발견한 자신과 대화하라. 그 고민은 의외로 쉽게 해결될 것이다. 부모, 배우자, 자식으로서의 역할인 '나'를 충분히 자각하였기 때문에 외부 문제는 쉽게 풀 수 있다. 어쩌면 그 고민은 이미 해결되었을지도 모른다.

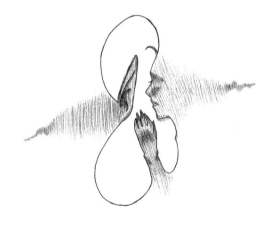

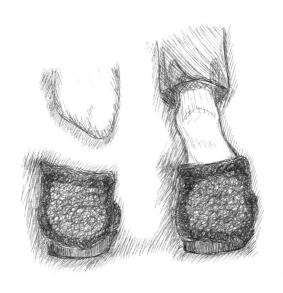

걸으며 자신과 끊임없이 대화하세요.

최고의 승리는 포용이다

이별하기
⑦

과거와
화해하세요

　'때린 놈이 발 못 뻗고 잔다'라는 우리 속담이 있다. 이 말이 틀렸다고 생각할 수도 있다. 하지만 사실이다. 주위에서 때린 사람이 오히려 더 큰 소리 치고, 사과는 커녕 맞은 사람 주위에도 오지 않는 경우를 목격하고는 한다. 공격한 사람은 자신의 공격행위를 정확히 알고 있다. 이런 사람들은 '혹시 뒤통수를 맞지 않을까' 하는 불안감을 가지고 있다. 그래서 뒤통수를 맞지 않으려고 오히려 더 당당하게 자신의 가해 사실을 합리화시키고 부정하는 것이다. 심리학에서는 사람이 행동하는 원인을 방어기제로 설명한다. 이렇게 방귀 뀐 놈이 성내는 행동을 두고 '반동형성'이라고 한다. 겁이 나니까 더 당당하게 행동하는 것이다. 피해자 주위에 나타나지 않는 사람은 오히려 양심이 있는 사람이다. 그들은 미안한 마음에 피해자를 찾지 못한다.

앞의 이별하기 과정들을 만족스럽게 수행했다면 이제 원수를 안을 때가 되었다. 두 아이가 싸움을 했다고 가정해보자. 한 아이가 흠씬 두드려 맞았다. 그러나 다음날 맞은 아이가 때린 아이를 찾아가 이렇게 말한다. "괜찮아, 이해해. 너도 내가 그렇게 해서 화가 났었잖아. 우리 화해하자." 이런 상황에서 때린 아이의 반응은 어떨 것 같은가? 무척 혼란스러울 것이다. 용기가 있는 아이라면 곧바로 때린 사실을 사과할 것이고, 겁이 많은 아이라면 도망가거나 오히려 더 날뛸 수도 있다. 하지만 화해를 청한 아이는 상대방의 반응을 보면서 느낄 것이다. '내가 한 수 위다'라고 생각하며 입술 끝이 올라갈 것이다. 이것이 바로 이기는 법이다.

의식에도 나이가 있다면 때린 사람은 7세, 그 사람을 안을 수 있는 사람은 40세 정도로 생각하면 된다. 어린 아이들은 자신이 화가 나면 앞뒤 보지 않고 투정부리기에 바쁘다. 하지만 어른은 아이들이 자신에게 부당하게 화를 내더라도, 설사 그 어린아이가 자신을 때렸다고 하더라도 웃어 가면서 안을 수 있다. 오히려 '그래, 아빠가 잘못했어. 그래'라고 하면서 말이다. 아이들이 자신을 돌아볼 수 없다는 것을 어른들은 안다. 그리고 뭐든지 자신의 뜻대로 하려는 행동이 어린아이의 성장과정이라는 것 또한 알고 있다. 때린 사람에게 불평만 하는 의식과 그를 안을 수 있는 의식은 아버지와 아들 정도의 차이가 난다. 때린 사람을 안아본 사람만이 그 기분을 안다. 최고의 승리는 포용이다. 따라서 때린 사람들을 안을 수 있을 때 당신은 진짜 어른이 될 수 있다.

　부당하게 투정부리는 아이를 안는 부모의 모습을 관찰하면 일정한 행동이 보인다. '그래, 네 마음이 많이 아팠겠구나' 하면서 아이의 마음을 읽는다. 이렇게 아이의 마음을 읽어주면 아이는 화가 누그러진다. 그리고 엄마, 아빠에게 안긴다. 아이의 마음을 읽을 수 있는 어른이 아이를 안을 수 있다. 아이의 행동을 지적하는 방식으로는 아이를 안을 수 없다. 행동을 지적하고 자신의 감정을 표현하는 방식은 아이에게 반감만 살 뿐이다. 아이는 더 투정부린다. 어른이라면 상처 준 사람들을 안기 이전에 그들—아직 사과하지 않은 그들은 마음속에 7살 어린아이가 있다고 여겨도 좋다—의 마음을 읽어야 한다. 그래야 안을 수 있다. 안아야만 어른이다. 작성된 이혼 소장에 답변 자료를 작성한다. 직접, 그들의 입장이 되어서.

　작성 순서를 따르길 바란다. 아래에 예시된 이혼소송청구 답변서 양식을 따른다. 대상마다 이혼 소장을 각각 작성했으므로 답변서 또한 이혼 대상별 각각 작성한다. 원고, 피고, 사전본인은 작성된 소장과 동일하게 작성한다. 청구취지에 대한 답변에 '피고는 원고의 청구를 인용한다'고 작성한다. 당신이 이혼을 원하는 과거가 당신의 청구를 받아들였다는 의미이다. 그리고 '판결은 원고 ○○○가 직접 한다'라고 작성하며 당신의 성명을 기입한다. 과거와의 이혼을 판결하는 사람은 당신 본인이다. 이혼 판결에 대한 결의를 청구취지에 대한 답변에 표현해야 한다.

청구원인에 대한 답변을 작성할 차례이다. 우선 소장에 작성된 청구원인 모두에 대해 답변을 작성한다. 청구원인에 대한 사형도 집행하였고, 분노 또한 토해냈으므로 답변 내용을 직접 작성할 수 있다. 피고의 입장이 되어서 답변 내용을 모두 작성한다. 답변 내용을 작성하면서 피고의 마음을 읽었으면 좋겠다. 물론 그들은 직접적으로 당신에게 이런 마음을 드러내지 못할 것이다. 기억하라. 어린아이가 자신의 마음을 표현하는 방법은 도망치기, 더 큰소리치기, 행동을 정당화하기, 보상받으려하기, 미워하기 등이다. 그래서 그들은 당신에게 마음을 드러낼 수 없다. 당신은 어른이므로 상대의 마음을 읽어주어야 한다. 기억하라. 상대도 모르는 상대의 마음을 읽을 수 있어야 어른이다.

청구취지에 대한 답변 마지막에는 결어를 작성한다. 당신이 읽은 피고의 마음을 종합하여 피고가 진정으로 하고 싶었던 말이 무엇일까를 작성한다. 결어 작성을 마지막으로 상대의 마음을 모두 읽을 수 있다.

부모와의 과거와 이혼하기 위해서는 부모와의 성장과정에 대해 알 필요가 있다. 청소년 시절은 어땠는지, 직장생활은 어떠했는지, 아버지의 엄마·아빠는 어떤 분이었는지, 어머니의 엄마·아빠는 어떤 분이었는지, 아버지와 어머니는 어떻게 만나서 결혼을 했는지. 이런 사항들을 알고 있으면 부모의 마음을 읽기 더욱 쉬워진다. 그리고 답변서를 작성하기 전부터 그들의 맘을 이해할 수 있을지도 모른다. 아버지, 어머니의 형제자매에게 전화를 걸어서 물어보라. 내 부모의 유년시절이 궁금하다고. 두 분이 어떻게 만나셨는지 궁금하다고. 내 아버지의 어머니, 아버지는 어떤 분이었으며, 내 어머니의 어머니, 아버지는 어떤 분이었는지 궁금하다고. 모두 가르쳐줄 것이다. 그리고 '네가 이제 다 컸구나'라고 첨언할 것이다. 이제 부모의 입장이 되어서 나에게 답변서를 작성한다. 그 사람의 마음을 읽도록 한다.

이혼소송청구 답변서

원　　고 : 이 ○ ○
피　　고 : 부모님과의 아픈 과거
사건본인 : 아내와의 행복한 미래

청구취지에 대한 답변

1. 피고는 원고의 청구를 인용한다.
2. 판결은 원고 이○○가 직접 한다.

청구원인에 대한 답변

1. 답변 내용

아들아. 우리의 관계가 감찰요원과 수감자의 관계였다니. 나 또한 가슴이 너무 아프구나. 네가 그렇게 느낀 것에 대해서 진정으로 사과하마. 네 자취집과 살림을 모두 우리가 준비한 것은 모두 네가 편했으면 하는 바람이었다. 넌 당시 직장생활과 공부를 병행하고 있었잖니. 그래서 그랬어. 네가 일과 공부를 병행한다는 것이 얼마나 힘든 일이었는지 잘 알고 있단다. 나 또한 직장생활을 했던 사람이잖니. 고생 많았다. 그래서 네가 조금이라도 편하라고 모두 준비했던 거였단다. 미안하다, 아들아. 네 맘을 몰랐구나. 작은 것도 네가 신경 쓰게 하고 싶지 않았다. 그래야 네가 조금이라도 편할 거라고 생각했으니까. 네 집에 열쇠를 가지고 올라간 것도 같은 주말이고 밤늦은 시간에 살짝 내려와서 네 살림을 정리해주기 위함이었단다. 미안하다. 네 맘을 몰랐구나.

뒤진 것은 아니야. 그냥 네가 살고 있는 모습이 궁금해서 그랬어. 지방에 아들을 보내놓고 이 부모의 마음이 어떻겠니. 늘 네가 걱정되었단다. 그래서 궁금해서 그렇게 했던 거야. 저번에 준 반찬은 맛있게 잘 먹었는지 궁금하고. 청소는 잘 하고 있는지 궁금하고. 그래서 청소도 직접 해주고 했던 것이란다. 엄마가 네 화장실과 방을 청소해주면 그렇게 마음이 뿌듯했단다. 네 수고를 조금이라도 덜어주었으니까. 그게 엄마 맘이었어. 네가 조금이라도 편했으면 하는 마음에 그랬어. 엄마를 이해해주렴. 새로 산 물건들은 네가 돈을 쓸까봐 걱정되어서 물은 것이란다. 취조한 것으로 느꼈다면 미안하다. 엄마, 아빠의 말투가 원래 그렇잖니. 너도 알다시피 우리도 부모님에게 따뜻하게 말하는 방법을 배우지 못해서 그렇게밖에 표현할 수 없었단다. 우리를 이해해주렴, 아들아.

(중략)

너와 네 동생이 공부를 잘 했으면 하는 바람이어서 그랬단다. 그런데 어떻게 너희들을 키워야 하는지 몰랐어. 너도 알겠지만, 아빠도 형제가 있다고는 하지만 거의 혼자 크다시피 했잖니. 아빠의 어머니도 일찍 돌아가시고 계모의 설움을 받고 자랐단다. 그 시절을 떠올리면 너무너무 설움이 돋는다. 너무너무 울고 싶고, 소리 지르고 싶다. 그런데 너희들에게 그런 행동을. 똑같은 행동을 했다니. 너무 미안하다, 아들아. 어떻게 해야 너희들이 잘 클지. 어떻게 해야 너희들이 공부를 잘 할지 몰랐어. 너무너무 무지해서 그렇게 행동한 것 같다. 너무 미안하다. 당시 아빠의 직장사정도 너무 좋지 않았고. 스트레스도 너무 많이 받았어. 그런 스트레스가 너희에게 나왔던 것 같구나. 목욕탕에서 그렇게 음료수가 먹고 싶었구나. 내 짠돌이 습관이 너희에게 또 상처를 주었네. 너희들이 그렇게 음료수가 먹고 싶었는지 몰랐어. 그리고 목욕탕에서 음료수를 사 먹는 행동은 낭비라고 생각했지. 그래서 그랬단다. 미안하다, 아들아.

그렇게 해야만 너희들의 나쁜 버릇이 없어질 줄 알았다. 아빠가 어릴 적에 아픔을 많이 겪었다는 것을 너도 알고 있을 거야. 그래서 어떻게 해야 너희들이 바르게 클 수 있을지. 어떻게 해야 너희들이 행복할 수 있을지 몰랐다. 오로지 그냥 남에게 피해주지 않고, 법과 도덕을 어기지 않고, 공부 잘하는 것이 최선인 줄 알았다. 아빠도 너무 화가 나서 그렇게 행동했단다. 화가 나면 제어가 되질 않는구나. 내 이런 오랜 습관이 너희들을 가슴 아프게 했구나. 미안하다, 아들아. 이제는 네가 날 알고 있으니, 네가 이 아빠의 과거를 용서해다오. 나도 내가 왜 그런지 모르지만 넌 날 알고 있잖니.

(후략)

2. 결 어

우리가 지금 너에게 바라는 것은 반듯하고 단단하게 서있는 너의 모습
이란다. 네가 서야 네 가정이 바로 설 수 있잖니. 그동안 너에게 상처 준
것을 깊이 사과하마. 이 못난 부모를 용서해다오. 지금 반듯하게 서있지
못하는 네 모습을 보면 가슴이 아프단다. 다 이 부모가 못나서 널 제대로
키우지 못한 죄이니 용서해다오. 그리고 굳건히 서는 너의 모습을 보고
싶다, 아들아. 이 부모의 부탁을 들어주길 바란다. 아들아, 그래도 우린
널 사랑한단다.

소장 답변서 작성을 통해 모든 사람들의 마음을 읽었다면, 이제는 그
들을 안을 때가 되었다. 소장 답변서를 펼치고 기록된 사람들에게 전화
를 하라. 그리고 자신의 이야기를 진솔하게 이야기하는 것이다. '그때
어떤 일로 상처를 받았다. 그 상처는 어떤 영향을 주었다. 그래서 그동
안 이렇게 살아왔다. 하지만 지금 당신을 이해한다. 화해하자.' 진심을
담아 이야기해야 한다. 상대방은 수화기 넘어 당신의 표정, 자세, 손짓
까지 목소리를 통해 알 수 있다. 진심을 담지 않으면 상대는 공격을 받
는다고 생각한다. 진정성을 가지고 이야기해보라. 마음을 전해야 한다.
투정부리는 아이에게 먼저 사과해야 어른이다.

자, 이야기하였는가? 상대가 화해를 받아들였는가? 용기 있는 사람이다. 도망가거나 더 날뛰진 않던가? 상대는 겁쟁이다. 상대의 반응에 신경 쓸 필요 없다. 이미 당신은 '내가 한 수 위다'라고 생각하고 있으니까. 진정한 어른이 되었음을 축하한다.

형제자매와 화해는 꼭 만나서 할 필요가 있다. 단 둘이 대화할 수 있는 곳에 찾아간다. 따뜻한 차를 한잔씩 놓고 이야기를 꺼낸다. "형, 내가 유치원 다닐 때 그런 일 있었잖아. 나 그때 형 무지하게 미워했었거든. 그런데 지금 생각해보면 형도 그럴 수밖에 없었던 것 같아. 오해해서 미안해, 형. 우리 화해하자." 이런 식으로 예전에 상처받았던 일을 하나씩 하나씩 꺼내놓는다. 마지막은 추억으로 장식한다. 앞의 이별 과정들을 거치면서, 소장 답변 자료를 작성하면서 그동안 잊었던 좋았던 추억들이 기억났을 것이다. 그 추억을 나눈다. 가족을 하나로 만드는 것은 추억이다. "아, 그런 일도 있었지. 내가 떡볶이 먹고 싶다니까 형이 용돈 털어서 사주곤 했잖아. 고마워, 형." 이렇게 소소한 행복을 서로 기억하다 보면 어느새 서로 웃고 있는 모습을 발견할 것이다. 가족 관계를 단단하게 하는 접착제로 거대한 도구는 필요 없다. 미소를 보이게 하는 소소한 기억들. 상처 주었던 형제를 안았다면, 그동안 허술했던 관계를 작은 웃음을 통해 튼튼하게 만들어 보라.

절대적으로 포용해야 하는 대상은 부모다. 포용하는 방법은 형제자매의 화해방법과 동일하다. 부모에게 찾아가 어릴 적 상처와 슬픔을 이야기하라. 그동안 살아온 방법과 그 원인에 대해 이야기하라. 그리고 당신 또한 부모의 가슴에 수많은 못질을 했을 것이다. 당신도 당신의 잘못을 사과해야 한다. 내가 잘못한 것을 모두 사과할 때, 남아있는 죄의식도 사라진다.

소장 답변 자료를 작성하면서 알게 된 부모의 생각을 읽어도 좋다. "알아요, 아버지. 다 저 잘되라고 그렇게 하셨던 것 알고 있습니다. 그런데 제가 기대에 미치지 못해 많이 속상하셨을 겁니다. 죄송합니다, 아버지." 부모에게서 눈물을 빼내겠다는 자세로 임해야 한다. 하지만 부모의 반응에 신경 쓸 필요는 없다. 당신은 이미 객관적으로 정신적, 신체적으로 부모보다 강하다. 강자의 여유를 가지고 화해하면 된다. 그리고 마지막으로 당신의 남은 눈물을 모두 흘려 상처의 흔적까지 지웠으면 한다. 이렇게 부모와 화해를 하면 여성은 남자문제를 어머니와 상의할 수 있게 된다. 남성은 아버지를 업을 수 있게 된다. 이제 당신은 세상에서 가장 용감한 사람이다. 진짜 어른이 되었음을 축하한다.

부모님을 안을 때 세상이 한 걸음 더 가까워집니다.

전화기 넘어 애써 태연한 아버지 목소리가 들리고
애써 담담하게 근황을 여쭌다.

진지는 드셨는지, 요즘 약은 얼마나 드시는지.
얼마 전 어머니 말씀에 침낭이 필요하셨단다.
사드리겠다고 하니,
"겨울 다 갔는데 침낭이 왜 필요해."
필요한 장비를 사드리겠다고 하니,
"장비 다 있는데 뭐가 또 필요해" 하신다.
"아버지, 건강이 제일입니다. 진지 잘 챙겨 드시구요."
"알았어."
"아버지, 건강하세요."

아들아. 아빠는 너희들이 뛰어노는 모습만 보아도 그렇게 좋더구나.
아버지, 건강하세요.

이제 드러내기를 통해 죄책감에서 자유로워질 차례이다

이별하기
⑧

속 시원하게
드러내세요

2007년, 태안반도 기름 유출 사건은 우리 영토에 큰 상처를 남겼다. 우리는 죽어가는 바다의 생명들을 살리기 위해 걸레를 들었다. 절망을 손으로 씻어내려 했다. 그렇게 하면 모든 상처가 없어지는 줄 알았다. 하지만 착각이었다. 2012년 3월. 태안군 안면읍 승언리에서 감추어진 흔적을 확인하고야 만다. 그곳 꽃지 해수욕장에는 할미바위와 할아비바위가 있다. 바닷물이 저 멀리 빠지면 할미와 할아비에게로 갈 수 있다. 썰물 때나 들어갈 수 있는 그런 곳이다. 그런데 물이 다 빠져나간 시각에도 군데군데엔 바닷물이 고여 있는 곳이 있다. 바위가 움푹 들어가 물도 손도 닿지 않는 자리. 그 곳에 흉터 또한 선명하게 남아 있다. 바닷물로 감춘다고 보이지 않는 때가 아니다. 사람들 눈에 멀리 떨어져 있어도 보이지 않는 흉터가 아니다. 하루에 단 한 번 들어갈 수 있는 바위. 그곳에 바닷물과 검은 기름때를 함께 머금은 구멍들. 깊숙이 숨겨져 사람의 손도, 바닷물의 풍화작용도 미처 닿지 못한다. 드러내지 못한 그 자리에 상처가 남아 있었다.

소설가 김도연 님은 기자와의 인터뷰에서 '죄책감에 악몽을 꾸기도 했다'고 고백한다. 그리고 '삼십년 뒤에 쓰는 반성문'이란 자전적 소설을 통해 '속 시원하다'는 말을 남기며 죄책감을 털어낸다.

"30년 전 훔친 글로 상 탄 치부 이제 고백하고 나니 속 시원"
인터넷 경향신문 이영경 기자 (2010. 8. 15)

소설가 김도연(44)에게는 늘 따라다니는 수식어가 있다. '강원도 평창에서 농사짓고 글 쓰는.' 대관령에서 부모님과 함께 당근 농사를 짓고 사는 그는 자신의 체험을 바탕으로 쓰러져 가는 농촌의 모습을 환상과 현실, 자연과 인간을 한데 능숙하게 섞어내는 기법으로 그려내 주목을 받았다. 소를 팔러 나섰다가 '똥값'이 된 소값에 분개해 내친김에 소를 몰고 길을 떠나는 농촌총각 이야기를 그린 첫 장편 〈소와 함께 여행하는 법〉 이후 3년 만에 두번째 장편소설 〈삼십년 뒤에 쓰는 반성문〉(문학과지성사)을 펴냈다.
작가 자신의 분신으로 보이는 중년 소설가가 등장하는 이번 소설에서 그는 자기 자신과 함께 기억과 무의식 깊은 곳으로 여행을 떠난다. 여행의 종착지는 글쓰기에 대한 열망이 소록소록 생겨나기 시작하던 어린 시절이다. 그러나 그 여정은 아름답고 낭만적인 것만은 아니다. 왜냐하면 그가 거슬러 올라가려고 하는 곳은 자신이 의식적으로 꽁꽁 감춰둔 마음의 치부이기 때문이다. 생애 처음 문학으로 받은 상이 사실은 남의 글을 베껴 쓴 글이었다는 것. 따라서 이번 소설은 등단 10년차, 네 권의 책을 펴낸 김씨가 자신의 글쓰기의 근원으로 거슬러 올라가 성찰하는 내밀한 자기고백서이자 그의 문학론, 인생론으로 읽히기도 한다.

간암으로 병석에 누운 중학교 선생님을 동창들과 함께 병문안 간 주인공 '나'에게 대뜸 선생님은 숙제 이야기를 꺼낸다. 30년 만에 스승에게서 숙제 이야기를 들으니 '나'는 황당할 뿐이다. 그 숙제는 500매에 달하는 반성문이었다. 그러나 무엇에 대해 반성을 할 것인가. 그는 30년간 미뤄뒀던 숙제를 풀기 위해 그는 애써 잊고 지내던 어린 시절의 기억을 차곡차곡 들춰내기 시작한다.

기억의 가장 깊은 곳에 숨겨뒀던 것은 바로 백일장에서 어느 학생잡지에서 본 글에 살을 붙여 쓴 글로 장원을 탔다는 사실이다. 아무도 모르던 그 사실을 알아챈 선생님은 그에게 "시험 볼 때 답을 훔치는 것은 그 사람의 지식을 훔치는 거지만 글을 도둑질하는 것은 그 사람의 공들인 마음을 훔치는 것"이라며 중학생 소년에게 500매나 되는 반성문이란 묵직한 숙제를 내줬던 것이다.

'나' 는 30년이나 지나 반성문을 쓰면서 이것이 변명이나 미화가 아닐까 고민하고 때로는 반성문을 쇠로 된 종이처럼 무겁게 느끼면서 글을 써 내려간다. 어느 자리에서도 꺼내놓지 못했던 부끄러운 기억을 가까스로 대면하면서 그는 단순히 어린 시절 과오에 대한 반성을 넘어서 그의 인생에 대해 성찰한다.

"살아오면서, 글을 쓰면서, 어떤 벽과 마주칠 때마다 그 벽을 뚫고 나갈 각오를 하는 게 아니라 저도 모르게 주변을 둘러보며 다른 사람이 만들어놓은 사다리를 찾는 게 버릇이 되었지요. 스스로 애써서 한 낱말, 한 문장, 한 이야기를 찾아야 함에도 불구하고 슬그머니 차선책에 눈독을 들이다가 결국 손을 잡곤 했습니다."

그리고 '나' 의 고백은 종래에 스승의 고백으로 이어진다. 군사정권 시절, 대학신문에 시대를 비판하는 소설을 발표했다가 고문을 당한 후 소설을 쓰지 않겠다는 지장을 찍은 기억을 털어놓으며 "내가 무슨 자격으로 소설을 팔아먹는단 말인가. 나는 그 부끄러움을 견딜 수 없었다네"라고 스승이 털어놓는 순간, 소설은 "30년이란 시간의 흐름 속에서 선생님과 내가 함께 쓰고 있는 인생의 반성문"이 된다.

소설은 작가의 경험을 바탕으로 써내려간다. 실제로 교내 백일장에서 학생잡지에서 본 다른 사람이 쓴 글을 절반쯤 훔쳐온 글로 장려상을 탔다는 작가는 죄책감에 악몽을 꾸기도 했다.

"요즘은 문화예술계 전반에 표절 문제가 아무런 의식 없이 쉽게 쉽게 넘어가는 세태가 된 것 같아 안타깝다"는 그는 소설을 쓰고 "속 시원하다"고 말을 마쳤다.

여성 연예인 이파니 씨는 5월 14일 방송된 KBS 2TV '여유만만'에 출연해 다음과 같이 말했다. "사람들이 내가 일부러 숨겼다고 생각하는데 오해다. 내 이미지와 방송사의 권유 때문이었지, 내 욕심 때문이 아니었다. 나는 오히려 밝히고 싶었다. 지금 이렇게 밝혀져서 너무 속이 시원하다."

싱글맘 이파니, 4살 난 아들에게 "얼른 장가보내야지"
인터넷 뉴스엔 유경상 기자 (2010. 5. 14)

싱글맘 이파니(25)가 "아들이 빨리 장가갔으면 좋겠다"고 밝혔다. 이파니의 아들 조형빈 군은 이제 4살이다.

이파니는 5월 14일 방송된 KBS 2TV '여유만만'에 출연해 아들자랑을 하던 중 "아들이 얼른 장가갔으면 좋겠다"고 깜짝 고백했다.

이날 방송에서 이파니는 "사람들이 내가 일부러 숨겼다고 생각하는데 오해다"며 "내 이미지와 방송사의 권유 때문이었지, 내 욕심 때문이 아니었다. 나는 오히려 밝히고 싶었다. 지금 이렇게 밝혀져서 너무 속이 시원하다"고 말했다.

이어 이파니는 아들 자랑에 들어갔다. 이파니는 "아들이 4살이지만 든든하다. 나를 닮아 그런지 발육상태가 빠르다. 7살짜리 같다. 빨리 장가 갔으면 좋겠다"고 털어놨다.

또 이파니는 "사람들이 내게 당당하다고 하는데 아니다. 자식에게 있어서는 죄인이라고 생각한다. 내가 당당하지 못하면 자식이 당당하지 못하니까 일부러 더 당당한 척 하는 거다"며 "지금 미친 듯이 일하려는 게 나중에 아이가 야하거나 섹시한 것만 했던 엄마의 기록을 보는 게 속상해서다. 어서 자리잡은 모습 보여주고 싶다"고 덧붙였다.

한편 이파니는 2006년 한국 플레이보이모델선발대회 1위로 데뷔해 섹시한 이미지의 모델로 많은 사랑을 받아왔다. 그 후 모델과 가수 활동을 했으며 최근 마광수 원작 연극 '나는 야한 여자가 좋다'에서 주인공 사라 역할을 맡아 열연중이다.

가수 박상민 씨는 한때 시끄러웠던 '가짜 박상민' 사건의 전말을 방

실컷, 울어야 다시 사랑할 수 있다

송을 통해 드러냈다. 그리고 "지금이라도 공개적으로 말할 수 있게 돼 속이 시원하다. 말할 수 있게 해줘서 고맙다"고 말한다.

박상민 짝퉁가수 사건 심경고백 "공개적으로 밝히니 속이 시원해"
인터넷 뉴스엔 엔터테인먼트부 (2008. 3. 13)

가수 박상민이 자기와 닮은꼴 사람이 박상민이라고 사칭하며 20억 원을 벌어들여 박상민이 가짜 박상민을 상대로 고소했던 사건 전말을 깜짝 공개했다.

12일 방송된 MBC '황금어장-라디오스타'에서 박상민은 "가짜 박상민이 공개적으로 사과하면 용서해주려고 했다"고 심경고백을 했다.

가짜 박상민 사건의 시작은 2003년 말에서 2004년 초쯤으로 거슬러 올라간다. 박상민은 조카에게 '삼촌 이런데도 나오냐'며 사진 한 장을 전송받았다.

소위 말하는 밤업소에 박상민이 공연을 하고 있는 모습을 담은 사진이었다. 박상민은 "처음에는 나도 이미테이션 가수가 생겼다고 좋아했다. 그만큼 인기가 있다는 것이 아니냐"며 그 당시 심정을 밝혔다.

하지만 그 이후로 박상민의 귀에 "박상민이 갈 데까지 갔구나"라는 말들이 들려오기 시작했다. 박상민이 사실을 알아본 결과, 박상민과 닮은 가짜 박상민이 진짜 행세를 하고 다니며 환갑잔치를 비롯해 칠순잔치, 지역축제까지 안 간 곳이 없었다. 짝퉁 박상민은 당시 립싱크로 노래 3곡을 부르고 150만 원을 챙기는 등 약 20억 원 정도를 벌어들였다.

박상민은 "그 당시 공개적으로 사과해서 억울함을 풀어주면 남자답게 아무 일도 없었던 것으로 해주겠다고 했었다"면서 "하지만 가짜 박상민은 둘이 있을 때만 나한테 미안하다고 말했다. 사람이 한 명이라도 같이 있으면 자신이 한 것이 아니라고 하더라"고 당시의 답답했던 심경을 고백했다. 결국 가짜 박상민은 박상민에게 고소당해 벌금 700만 원을 내고 사건을 마무리 지었다.

박상민은 "지금이라도 공개적으로 말할 수 있게 돼 속이 시원하다"며 "말할 수 있게 해줘서 고맙다"고 고마움을 표시하기도 했다.

방송을 통해 탈모가 심한 남성 배우들을 보곤 한다. 자신의 불우한 과거를 털어놓는 연예인들도 쉽게 찾을 수 있다. 자신의 이혼과 재혼 사실을 당당하게 밝히고 살아가는 사람들도 있다. 드러내면 더 이상 수치가 아니다. 이혼 후 혼자 아이를 키우는 워킹맘이라면 자녀문제로 남들보다 퇴근을 조금 서두를 수 있다. 하지만 그 사실을 알리지 않는다면 매일 퇴근 시간마다 동동거리는 모습을 보여야 한다. 땡순이라는 오해를 받을지도 모른다. 당신이 수치스럽다고 생각하는 사실은 타인들에게 관심 밖이다. 드러내 보여라. 그럼 사람들은 '그럼에도 불구하고 열심히 살고 있다' 라며 격려와 배려를 할 것이다.

개그맨 이수근은 TV에 출연해 자신의 과거를 고백했다. 그리고 이 사연을 본 시청자들은 '그는 진정한 희극인이었다' 고 했다.

'승승장구' 이수근, 시청자 웃기고 울리는 진짜 희극인
인터넷 TVREPORT 이혜미 기자 (2012. 2. 8)

아내의 투병과 아들의 뇌성마비 진단에도 자신의 역할을 놓을 수 없는 한 개그맨의 사연에 '승승장구' 의 MC 김승우는 "슬픔을 감춰야 하는 개그맨은 정말 힘든 직업"이라 말했다.

개그맨 이수근이 제대로 웃기고 또 제대로 울렸다. 100회 특집 KBS 2TV '승승장구' 에 두 번째 게스트로 나선 이수근은 지난주에 미처 풀지 못한 이야기 주머니를 풀었다. 일일MC로 함께한 김병만과의 첫 만남과 '개그콘서트' 입성기. 여기에 '몰래 온 손님' 으로 깜짝 등장한 한민관 김지호의 가세까지 더해지며 풍성함을 더했다.

태권도 신동이 버라이어티 대세로 거듭나기까지의 과정이 공개되며 유쾌하게 흘러가던 스튜디오 분위기는 '원형탈모'라는 키워드를 기점으로 물살을 바꿨다. 이수근 스스로가 자신을 대표하는 키워드로 꼽은 원형탈모는 이수근의 현 상태를 가장 잘 표현해주는 키워드로 그는 담담하게 자신의 사연을 소개했다.

임신중독증 중에 신장에 이상이 생겨 끝내 신장이식술을 받아야 했던 아내와 조산으로 뇌성마비 진단을 받은 아들. 이 같은 형편에도 다시는 방송에서 눈물을 흘리지 않겠다고 선언한 이유와 속내. 아내의 투병기를 전한 이수근은 "아내의 잔소리가 그립다"라는 함축된 한 마디로 현재의 심경을 전했다.

이어 "아내의 온 몸이 부어 있다. 배에 긴 수술자국이 남았다. 그렇게 예뻤던 여자가 날 만나서"라고 토해내는 한편 스스로 '수도꼭지 부부'라 칭하며 "얘기를 하다 보면 그냥 눈물이 난다. 아내 몰래 많이 울었다. 이 방송도 아내가 모니터할 텐데 밖으로 나가려 한다"라고 털어놨다.

이에 스스로를 '행복한 여자'라 칭한 편지로 역시나 애틋한 마음을 전한 아내 박지연 씨는 '몰래 온 통화'를 통해 "지치지 않게 긍정적으로 생각하겠다. 함께 힘내고 서로를 이해하길. 나와 살아줘서 고맙다"라고 말했다. 이수근은 "나는 에너지가 넘친다. 우리 가족 지킬 자신 있다"라는 파이팅으로 스튜디오는 물론 안방마저 눈물바다로 만든 사연에 마침

표를 찍었다.

　이 같은 이수근의 사연이 안타까움을 더한 건 그의 개그맨으로서의 역할 때문이었다. 공중파와 케이블, 버라이어티와 토크쇼를 오가며 바쁘게 활약해 온 이수근이었지만 브라운관에서의 그는 국민일꾼이며 이야기꾼이었지 아픔을 짊어진 가장이 아니었다. 가장이기에 앞서 개그맨이라는 공인의 삶을 강조하는 그에게선 진정성이 묻어났다.

　그의 사연이 시청자들을 웃기고 또 울린 이유. 그는 진정한 희극인이었다.

　얼마 전 방송에서 본 한 여성 출연자의 인터뷰가 기억난다. 신혼 초기, 남편이 샤워가운 속에 알몸을 느닷없이 공개했다는 것이다. 아내는 너무 놀라 소리를 질렀고 남편도 아내의 반응에 땀 꽤나 흘렸다고 한다. 여성 출연자는 학창시절에 바바리맨에게 놀랐던 기억이 트라우마로 자리잡고 있다고 했다. 문제는 이런 것이다. 어떤 원인으로 만들어진 자신의 특별한 공포나 습관들. 만약 아내가 단지 '난 그렇게 하는 행동이 싫어'라고 한다면 남편은 아내에게 그런 장난을 계속 했을 수 있다. 또는 아내와 장난을 치고 싶은 자신의 맘을 몰라준다며 토라질 수도 있다. 하지만, 아내가 '예전에 바바리맨을 봤던 기억이 있어서 그래'라고 좀 더 분명하게 드러낸다면 상황은 180도 달라진다. 남편은 오히려 자신의 행동을 사과하고 후에 아내를 배려할 가능성이 크다. 부부간에는 이런 드러냄이 꼭 필요하다. 과거의 상처로 인해 싫어하는 행동은 물론이거니와 좋아하는 행동도 모두 드러내야 한다. 알리지 않고 배우자에게 바라는 심리는 상대를 시험하는 행동이다. 시험이 길어지면 지치기 마련이다. 드러내라.

학생들을 보면 종종 맞을 짓을 하는 학생들이 있다. 자신이 피해를 입을 것이 분명한데도 교사에게 반항하거나 친구들과의 관계에서 시비를 거는 행동을 하기도 한다. 직장에서도 마찬가지다. 자신이 힘들어질 것을 분명히 알면서 일부러 그런 일을 골라서 하는 사람들이 있다. 부부관계에서는 배우자가 싫어하는 것을 뻔히 알면서 그 행동을 지속적으로 하는 사람들도 있다. 폭력적인 학생들을 보면 가정환경이 불안한 경우가 많다. 이성적으로 볼 때 이런 학생들은 학대를 벗어나려 해야 하는데 그렇지 않고 계속 학대를 받으려고 한다. 맞을 짓을 한다. "때려봐, 때려봐. 때리지도 못하니? 바보야!" 그러나, 알고 보면, "아! 네가 날 정말 때렸지. 엉엉, 저 아파요. 누가 저 좀 도와주세요"의 경우이다.

이런 행동을 두고 '투사적동일시'라고 부른다. 자신이 학대를 받은 불안감이 있다면 상대방에게 학대를 유도하여 자신의 불안감을 정당화시키려는 행동이다. 이를 통해 자신은 약자 역할을 하여 외부로부터 도움을 받으려 하는 무의식적 행동이다. 이런 행동은 가족관계와 대인관계를 망치는 주요 원인이 된다. 차라리 이렇게 말해보라. "저는 어릴 적 혼자 있는 시간이 많았어요. 그래서 전 혼자 있으면 무서워요. 혼자서

겁에 떨던 어릴 적 생각이 나곤 하지요. 절 혼자두지 마세요." 상대방은 당신이 그런 상처가 있는 줄 모른다. 상대를 시험하지 말고 차라리 드러내도록 하자.

대졸자 이상의 사람들과 같이 업무를 수행하는 고졸자, 유학파와 같은 직장에서 일하는 국내파, 늘씬한 팔등신 여성들이 있는 곳에 몸매가 좋지 않은 여성, 신체에 일부 장애가 있는 사람, 편모·편부 슬하에서 자란 자녀, 어릴 적 가난에 힘겨웠던 기억이 있는 사람, 이혼을 하여 자녀를 혼자 양육하고 있는 한부모, 남들보다 못한 외모, 남들보다 못한 환경, 남들보다 못한 조건. 삼자의 입장에서는 '그게 뭐 어때서!' 라고 말할 수 있지만 당사자의 입장은 다르다. 수치스럽게 느껴질 수도 있다. 그리고 수치심은 죄책감으로 느껴진다. 내가 잘못한 것도 없는데 꼭 죄진 느낌.

드러내기의 가장 좋은 공간은 페이스북, 트위터 같은 SNS이다. 소장을 작성하면서 거치면서, 행군을 하며 자신과 대화를 하면서 내가 누구인지 발견했을 것이다. 이제 드러내기를 통해 죄책감에서 자유로워질 차례이다. 우선 작은 주제를 정한다. 자신이 잘못한 것, 또는 이제껏 아무에게 말 못한 사례를 정한다. 그리고 진솔하게 그 사연을 SNS를 통해 옮긴다. 단, 진솔하게 작성해야 한다. 자신의 과거에 대해 포장을 한다거나 그 감정에 대해 왜곡을 한다면 들통 나기 마련이다. 진솔한 글로써 자신이 당시 느꼈던 감정을 진실되게 옮긴다. 사건을 전하기보다는 감정을 전한다는 느낌으로 작성해야 한다. 그래야만 진솔한 글이 나올 수 있다.

한 가지 사건을 작성하면 친구로 등록된 사람, 팔로워로 등록된 사람들이 많은 응원의 댓글을 달 것이다. '그럼에도 불구하고' 라는 수식어와 함께. 그 댓글을 즐겨도 좋다. 이제 하나하나 당신의 과거를 드러내 보여라. 그럼 속이 시원해진다. 그리고 비로소 당신의 과거로부터 자유로워질 수 있다.

지금 생각해보면 난 왕따였다.

5살 즈음으로 기억난다. 먹고사는 문제 때문에 어머니는 일을 다니셨다. 동생을 업고 말이다. 어머니가 일을 하시는 동안 동생은 어디서 무엇을 했는지 모르겠다. 아무튼 어머니는 어린 동생을 데리고 집을 나가셨다. 집에 날 혼자 두고 말이다. 몇 가지 기억나는 일이 있다. 눈을 떠보면 아무도 없이 적막하다. 불을 켜고 TV를 켠다. 당시 EBS가 가장 먼저 방송을 하는 채널이었다. 13번. 그냥 TV를 틀어놓고 있었다. 처음에는 지지직 소리가 나고 얼마 있으면 화면조정 시간이 된다. 애국가가 나오고 방송은 시작된다. 하루 종일 TV가 하는 이야기를 듣다보면 어머니가 동생을 업고 들어오신다. 그 이후는 잘 기억나지 않는다.

조금 더 시간이 흘렀을까. 다른 날이다. 아무도 없는 방안에서 혼자

외삼촌이 사다주신 장난감 무전기를 가지고 논다. 무전기의 송신 버튼을 누르고 말을 하면 신기하게 TV에서 내 목소리가 들렸다. 진짜 그랬는지 어린 나의 상상인지는 모르겠다. 아무튼 그날의 기억은 생생하다. TV와 무전기로 대화하는 법을 배웠다. 그렇게 무전기에 말을 하고 TV에서 나오는 내 목소리를 들었다.

대문 밖으로 나가고 싶었다. 집안에 하루 종일 혼자 있기가 답답했으니. 나갈 수는 없었다. 문은 잠겨 있었다. 어린 나를 보호하고자 어머니는 최후의 선택을 하셨을 것이다. 밖에서 문은 굳게 잠겨 있었다. 그래도 울지 않았다. 그냥 담담했다. 그런 일상이 일상이었나 보다.

조금 더 나이가 들어 유치원에 다닐 때였다. 그날도 혼자였다. 혼자 있는 시간에 외출이 허락되었다. 집 밖에는 조그만 공터가 있었다. 동네 꼬마들 아지트이다. 아이들이 삼삼오오 모여 웃고 떠들고 있었다. 하지만 난 그 틈바구니에 낄 수가 없었다. 그들이 하는 이야기에 날 끼워주지 않았다. 어떤 날은 그 녀석들과 이야기를 하고 싶어 간신히 무리에 들어갔다. 하지만 도통 무슨 말을 하는지 알아들을 수가 없었다. 아빠와 어디를 다녀왔느니, 어디가 어떻다느니. 알지 못하는 단어들과 이야기가 내 이질감을 더 키우고 있었다. 그래서 혼자 놀고 있는 아이들을 찾아 나섰다. "너도 혼자니? 나도 혼자야."

초등학교를 다니며 살아남기 위한 기술이 늘었다. 무리에 들어가지 못해도 관심을 받으면 내가 그들과 같이 있는 듯했다. 당시 팽이치기가 대유행이었다. 팽이를 배웠고 내일 같이 훈련을 했다. 동네 짱을 먹었다. 이제 동네 아이들이 팽이를 치기 위해 나를 찾았다. 초등학교 5학년. 아이들을 웃기면 인기를 끌 수 있다는 사실을 알았다. 반에서 장기자랑을 하면 노래와 춤을 추었다. 어디서 그런 용기가 나왔는지 모르겠다. 그때부터 연예인 병이 찾아왔다. 친구들의 관심을 받고 싶었다. 혼자 있는 사실이 무서웠으니까.

중학교에 들어와서는 내 연예인 병이 더 커진다. 교내 합창대회, 연극, 장기자랑에 모두 참가한다. 1등을 하지 않으면 비참했다. 친구들의 관심이 줄어드는 사실을 인정하기 싫었다. 관심을 받을 수 있는 자리, 남들 앞에 서는 자리에는 모두 참가했었다. 그 무렵 공부를 잘 해야 인기가 있다는 사실도 알게 된다. 그것도 국영수과를 집중적으로 말이다. 성적표는 수수수수양가양가양가! 그래도 모르는 수학문제나 영어문제를 물어보러 날 찾는 아이들이 있었다. 그 사실에 만족했다.

고등학교에 입학해선 이런 병이 더 커진다. 학생회 임원을 하고, 반장을 하고, 연극동아리에 들어가 주연배우를 한다. 우리 학교는 행사가 유난히 많았다. 그때마다 사회는 내 차지였다. 3학년 때인가? 가요제가 있었다. 일종의 노래자랑이다. 역시 참석한다. 그런데 사회를 다른 친구가 보았다. 그 사실이 왜 그렇게 자존심 상했던지…. 승부를 보지도 못하고 패한 운동선수의 기분이랄까. 허탈감. 내가 관심받아야 하는데.

법적으로만 성인이 되고 먹고 사는 전선으로 들어왔다. 일을 열심히 해야 남들에게 주목받을 수 있다는 사실을 알게 된다. 미친 듯 일을 한다. 성과는 대단했다. 직업군인으로 10년 6개월을 복무했다. 포상은 인사고과 상한선을 넘어섰다. 진급은 따 놓은 일이었다. '07년 비행기 한 대가 떨어진다. 그 일로 TF에 들어간다. 가정을 버려가며 일을 했다. 결과는 아주 좋았고 사람들이 날 주목했다. 그 뿌듯함은 내 아이를 보았을 때보다 더 했다. 어느 날 지휘관이 바뀌고 관심받지 못하는 자리로 복귀하라는 명령이 내려왔다. 주저하지 않고 군복을 양복으로 갈아입었다.

지금 생각해보면 난 왕따였다. 날 보는 이들은 많았지만, 날 찾아오는 이들은 없었다. 할 이야기도 없었다. 늘 일 열심히 한 이야기. 아니면 앞에 서서 주목받은 재수 없는 이야기들. 내 경험이 이게 전부이니…. 관심받고 싶으니까 그랬다. 주목받고 싶으니까 그랬다. 그렇지 않으면 혼자 있던 5살 어린 시절 외로움이 살아나니까 그럴 수밖에 없었다. 그러니 친구는 몇 명 없다. 난 친구가 많다고 착각하며 살았다.

글을 쓰다 보니 시팔, 눈물 난다. 이제는 내가 먼저 세상에 관심을 보낸다.

나의 페이스북에서 (2012. 3. 7)

드러내기의 진수는 동화 '임금님 귀는 당나귀 귀'에서 볼 수 있다. 임금님은 자신의 치부인 당나귀 귀를 감추기 위해 큰 왕관을 만들라고 지시를 한다. 그러나 왕관을 만들던 노인은 그 비밀을 혼자만 간직하자니 속이 타서 아무도 없는 대나무 숲에서 소리를 지른다. 비밀을 토해낸다. 그리고 속이 시원해졌다. 하지만 노인이 죽고, 대나무 숲에서는 '임금님 귀는 당나귀 귀'라는 바람소리가 들리기 시작했다. 임금님은 자신의 치부가 들통날까봐 대나무 숲을 모조리 베어버린다. 해가 흘러 한 농부가 그 자리에 산수유나무를 심었다. 그리고 바람이 부니, 또 '임금님 귀는 당나귀 귀' 하는 바람소리가 들리기 시작했다. 그래서 온 나라 사람들이 임금님의 비밀을 알게 되었다. 임금님은 비로소 모두가 아는 사실이니 숨길 필요가 없다고 판단하고 커다란 왕관을 벗는다. 자신의 치부를 드러낸 것이다. 백성들은 자신의 치부를 드러낸 임금님을 보고 백성의 이야기를 들어주는 어진 임금이라고 생각한다.

드러내면 속이 시원해집니다.

할미, 할아비바위에게

고래가 살던 고향아. 이제는 너에게 맡길 수밖에. 누가 그랬든
의도가 무엇이었든 간에 우리는 최선을 다했단다. 숨겨진 자
리의 흉터는 네 스스로의 풍화작용으로 치유하렴. 사람도 그
렇단다. 우리는 상처를 입으면 병원에 가서 의사선생님에게
고쳐달라고 하지. 하지만 그분도 보이는 가시는 빼더라도 숨
겨진 자리의 흉터는 지울 수 없단다. 하나님은 우리에게 신비
한 능력을 주셨어. 감추고 싶었던 상처를 드러내면 치유가 되
는, 점점 원래의 나로 변해가는 거지.

차라리 그 흉터를 드러내렴. 내가 흉터를 가지고 있더라도 나
인 것처럼, 너 또한 검은 때가 있다고 해도 너니까. 드러내고
시간이 지나면 그날의 상처도 닦여진다. 너도 너 스스로 그
때를 치유하렴. 그 상처가 시간이 지나 풍화작용으로 날아가
도록 말이야. 그 시간이 100년이 걸려도 넌 너니까.

"언젠간 터질꺼야!"

소리 지르고 뛰세요

F-16 이후의 전투기 조종방식은 플라이 바이 케이블(Fly-By-Cable)의 세대에서 플라이 바이 와이어(Fly-By-Wire)의 세대로 변화된다. 플라이 바이 케이블(Fly-By-Cable)은 조종간과 조종면까지 케이블로 연결되어 있는 방식이다. 조종사가 당긴 만큼 조종면이 움직이는 방식이다. 항공기 비행 안정성을 보강하기 위해 진동이나 흔들림을 방지하는 각종 보조 장치들이 있기는 하지만 조종사는 고도, 속도, 받음각 등을 계기를 통해 시각적으로 확인하고 자신의 순간적인 판단에 따라 조종간을 움직여야 한다.

플라이 바이 와이어(Fly-By-Wire) 항공기는 개념이 완전히 달라진다. 크게 두 종류의 센서에서 조종 자료를 취합하고 컴퓨터가 이 정보를 분석하여 자동으로 조종면을 움직인다. 조종면을 작동하는 것은 조종사의 손이 아니라 컴퓨터이다. 두 가지 종류의 센서는 항공기 외부 상황을 취합하는 센서. 그리고 조종사가 조종간을 움직이는 힘을 감지하는 센서이다. 항공기 외부 상황을 취합하는 센서는 고도, 속도, 받음각, 흔들림, 항공기 미끄러짐 등을 감지한다. 이렇게 취합된 정보는 컴퓨터로 간다. 조종사가 조종간을 움직이면 조종간의 움직임을 감지하는 센서는 정보를 컴퓨터로 보낸다. 그리고 컴퓨터는 두 가지 정보를 연산하여 항공기 조종면을 최상의 상태로 움직이게 한다. 하지만 이렇게 발달된 플라이 바이 와이어(Fly-By-Wire) 항공기라도 조종간 센서나 외부자료 센서 둘 중에 한 가지라도 문제가 발생하거나 컴퓨터가 고장 난다면 큰일이 발생하긴 마찬가지다.

인간도 두 종류의 센서와 컴퓨터에 따라 행동한다. 두 종류의 센서에서 모인 정보는 컴퓨터에서 처리하여 우리의 행동으로 나타난다. 두 종류의 센서와 컴퓨터를 합쳐 성격(性格)이라고 한다. 인간의 성격은 환경에 대하여 특정한 행동 형태를 나타내고, 그것을 유지하고 발전시킨 개인의 독특한 심리적 체계이다. 각 개인이 가진 남과 다른 자기만의 행동양식이다.

첫 번째 센서는 감성이다. 감성은 이성에 대응되는 개념으로, 외계의 대상을 오관(五官)으로 감각하고 지각하여 표상을 형성하는 인간의 인식 능력이다. 느끼고 마음이 움직이는 부분이 감성이다. 두 번째 센서는 이성이다. 개념적으로 사유하는 능력을 감각적 능력에 상대하여 이르는 말로서, 인간을 다른 동물과 구별시켜 주는 인간의 본질적 특성이다. 이성은 대부분 보고 배운 것들로 성장한다. 컴퓨터에 해당하는 부분은 자아이다. 자기 자신에 대한 의식이나 관념으로서, 정신 분석학에서는 이드(Id), 초자아와 함께 성격을 구성하는 한 요소를 뜻한다. 현실 원리에 따라 이드의 원초적 욕망과 초자아의 양심을 조정하는 역할을 한다.(국립 국어원 표준국어대사전 인용) 이드(Id)는 감성(感性)으로 외부상황을 감지하는 센서이고, 초자아는 이성으로 조종간의 움직임을 감지하는 센서이다.

외부자료를 감지하는 센서인 감성이 망가지면 외부의 상황을 받아들이는데 문제가 발생한다. 감성이 망가진 사람은 이성적으로밖에 살 수 없다. 지나치게 규범적이고 도덕적이다. 반쾌락주의 경향을 가지고 있어 주위 사람들을 힘들게 한다. 자신을 의롭고 양심적인 사람이라 착각한다. 규율, 도덕 등을 지킴으로써 공격성, 갈등 등을 미화시킨다. 이런 미화를 통해 상대의 아픔을 회피한다. 시간이 비면, '무엇을 할지 모르겠다' 라고 생각해서 일을 만들어서 하는 일중독 현상에 빠진다. 정서가 심각하게 무거워서 숨이 막힌다. 휴식에도 적정한 명분을 찾는다. 규정되지 않은 의사결정을 어려워한다. 감정도 억지로 느끼려 하는 사람들이다. 배우자나 자녀가 누군가에게 피해를 입더라도 상황을 논리적으로 생각하고 진위여부와 잘잘못을 따지는 일에만 몰두한다. 그들에게 배우자나 자녀의 아픔은 느껴지지 않는다. 공감능력이 제로(zero)인 사람들이다.

조종 센서인 이성이 망가지면 사고와 판단에 문제가 발생한다. 이성이 망가진 사람들은 자신만의 감성과 비도덕적으로밖에 살 수 없다. 도덕과 규범을 무시한다. 자신의 쾌락만을 추구한다. 자신의 쾌락이 중요하기 때문에 타인의 감정을 무시한다. 자신이 행복하게 살고 있다고 착각한다. 또는 타인들에게 늘 피해를 입는다고 착각한다. 상대를 늘 공격하며 자신의 감정을 보상한다. 또는 자신의 감정을 합리화시키기 위해 보상받으려 한다. 기분이 급격하게 바뀝니다. 의사결정에 신중하지 못한다. 사회적 책임을 전혀 느끼지 못한다. 장례식장에서도 웃고 떠드는 사람이다. 주위 사람들이 눈살을 찌푸려도 자신의 화를 푸는 일만 중요하다. 늘 짜증내며 소리 지르고 또는 혼자서 깔깔거리기도 한다.

자아가 망가지면 엉뚱한 신념이 생긴다. 세상이 자신을 공격한다고 여긴다. 세상에 관심이 없거나 특이한 초자연적 현상에 집착을 한다. 세상을 착취 대상이라고 여기기도 한다. '나'는 없고 오직 '너'만을 위해 살아가기도 한다. 세상이 자신을 버렸다고 여기기도 한다. 자신이 제일 잘났다고 여기기도 한다. 자신이 무능력하다고 여겨 누군가에게 늘 의존하거나, 의존하고 싶어도 다가서지 못하기도 한다. 자신의 울타리 밖으로 나가는 것을 고문으로 여기기도 한다. 컴퓨터(자아)가 바이러스에 감염된 현상이다. 감성과 이성의 센서에서 올바른 정보가 들어와도 바이러스 때문에 행동을 통제하기가 쉽지 않다.

자아는 이성과 감성의 정보를 취합하여 행동하도록 한다. 그런데 이성만을 사용해서 행동하라는 사회적 압력을 받는다면 감성 정보는 무시된다. 감성 정보는 계속 들어오고 있지만 이성 정보만으로 행동할 수밖에 없는 경우가 있다. 어릴 적 부모에게 공부하라는 압력을 받은 아이는 놀고 싶어도 공부만 해야 한다. 직장인의 경우 대부분의 시간을 직장에서 보낸다. 직장에서는 일을 해야 한다. 업무를 하는데 감성은 사용할 수 없다. 가정주부의 경우 살림을 해야 한다. 청소를 하고 설거지를 하고, 아이들의 간식을 챙겨주고, 공부를 봐주어야 한다. 남편이 집에 들어오면 저녁을 챙겨주어야 한다. 힘이 들지만 남편은 '남들도 다 그렇게 산다'고, '엄마라면 당연히 해야 한다'고 한다. 사회적 역할에만 충실해야 한다. 이런 경우 자신의 감성은 사라진 지 오래이다. 아이들이 공부나 잘했으면 좋겠다. 이런 상황이 지속되면 감성 센서가 오래 사용되지 못해 고장이 나든지, 이성 센서에 과부하가 걸려 고장이 나든지, 자아는 입력되는 감성 정보를 무시하고 이성 정보만을 처리하는 한 가지 기능만을 사용해 문제가 발생한다. 그중 대표적인 문제가 무기력이다. 울 기력도, 짜증낼 기력도 없는 무기력.

 록과 관련된 영화를 생각하면 '즐거운 인생(2007, 이준익 감독)'이 떠오른다. 영화 포스터에는 '개겨라! 저질러라! 맞서라! 느껴라!'란 시원한 표현들이 적혀 있다. 기영(정진영 분)은 은행에서 해고당하고 퇴직금마저 주식으로 날려버린 무능력한 가장이다. 교사인 아내는 출근하면서 기영의 머리맡에 만 원짜리 한 장을 두고 나간다. 딸은 기영에게 전화를 걸어 친구들이 놀러온다고 자리를 피해달라고 한다. 혁수(김상호 분)의 아내는 아이들을 데리고 캐나다로 도망을 간다. 명분은 유학이지만 혁

수 자신도 아내가 도망갔다는 사실을 알고 있다. 매일 밤 라면으로 저녁 끼니를 때우고 아들이 나온 동영상을 보며 외로움을 달랜다. 아내는 끝내 돌아오지 않고 일방적으로 이혼을 요구한다. 성욱(김윤석 분)은 직장에서 해고당하고 낮에는 택배, 밤에는 대리운전 기사를 하고 있다. 이런 성욱의 고통을 모르는지 그의 아내는 아이들의 학업에만 몰두한다. 성욱의 아내는 자녀의 성적으로 자신의 욕구를 채우려 한다. 성욱은 아내의 욕구충족을 위한 돈 생산 기계로 살아간다. 아내에게 돈이 떨어졌다는 통보를 하고 아이들 학원을 끊으라고 한다. 아내는 집을 나간다. 현준(장근석 분)은 기영, 성욱, 혁수와 함께 활화산의 멤버로 활동하던 죽은 상호의 아들이다. 현준은 아버지인 상호에게 자식 대접 못 받고 자란 아이이다. 기영이 현준에게 말한다. "현준아, 아빠 기타 부수지마." 현준이 대답한다. "제 기타도 아버지가 부셨어요." 이들 네 명이 모여 노래를 부른다. 그들은 억압된 감정을 록을 통해 터트린다. "언젠간 터질꺼야!"

원인 모를 무기력감에 휩싸일 때가 있다. 잠을 12시간 자도 몸이 무겁거나 불면에 시달릴 때도 있다. 잠을 자려고 누우면 생각이 꼬리를 물고 끊이지 않을 때도 있다. 잠을 자다 벌떡 일어나는 경우도 있다. 코미디 프로를 봐도 재미가 없다. 한숨이 나온다. 이런 증상이 지속되면 우울증으로 발전되기 마련이다. 그리고 술을 마신다. 종교에 매달린다.

술을 마시는 각자의 이유가 있겠지만 많은 사람들이 '술자리가 좋아서'라고 이야기한다. 이런 사람이 술을 마시는 진짜 이유는 술자리를 관찰하면 알 수 있다. 술자리에서는 말이 많아진다. 웃고 떠든다. 했던 이야기 또 하고 또 한다. 별로 재미있게 들리지 않는 이야기에도 모두 웃어준다. 웃고 떠들고 싶어서 술을 마신다는 이야기이다. 또는 울기도 한다. 노래방이나 나이트클럽에서도 술을 마신다. 그 장소에서 소리 지르고 뛰지 않는 사람은 이상한 사람이다. 소리 지르고 뛰어야 정상이다. 이와 비슷한 술 문화가 관광버스이다. 즉, 웃고 떠들며 소리 지르고 뛰기 위해 술을 마신다. 그들은 말한다. '신난다!'고. 하지만 술이 깨고 나면 후회가 엄습한다.

맹목적으로 종교에 매달리는 이유도 이와 같은 맥락이다. 방송에서 보이는 대규모 신도를 보유한 종교집회 치고 엄숙하게 기도하는 곳을 보지 못했다. 리듬을 타 몸을 흔들고 노래를 부른다. 모두 해병대 박수를 치며 누군가를 향해 손을 뻗는다. 그 분위기에 동화되어 한 사람도 빠짐없이 소리를 지른다. 바버라 에런라이크(Barbara Ehrenreich)는 그녀의 저서 '긍정의 배신(2011)'을 통해 한 대규모 종교집회를 보고 록 콘서트에 온 착각이 들었다고 한다. 즉, 그 신도들은 집회에서 록 콘서트 같은 분위기를 즐기기 있었다는 이야기이다. 그들은 말한다. '영혼을 구원받았다'고. 하지만 집회장을 벗어나면 다시 현실이 밀려온다.

사람들이 술과 사이비 종교에 빠지는 이유는 무기력을 떨쳐내기 위함이다. 방법은 웃고 떠들며 박수치고 소리 지르고 뛰는 것으로 이루어진다. 이 방법을 통해 사람들은 무기력을 토해낸다. 방송을 통해 록 콘서트를 보러온 사람들의 표정을 보면 흡사 종교집단을 보는 착각이 들고는 한다. 그들은 뛰며 소리 지르고 온몸을 던진다. 무대에 오른 사람을 향해 손을 내민다. 눈물을 흘리는 사람도 있으며 웃는 사람도 있다. 가수의 노래를 목이 터져라 따라 부른다. 단체로 술을 마시거나 약물에 취해 있는 착각이 들기도 한다. 하지만 콘서트에 참석한 사람들은 술을 마시지 않았으며, 정신도 멀쩡한 사람들이다. 다만 그들이 그렇게 콘서트에 열광하는 이유가 있다. 소리 지르고 뛰다보면 '막 치유되는 느낌'을 받기 때문이다. 록 콘서트장에 가보자.

　록음악의 정신을 자유, 외침, 기득권에 대한 반항이라고 한다. 사회적역할에 맞추어 살아야 한다. 그러나 자유롭고 싶다. 하고 싶은 이야기가많은데 할 수가 없다. 소리 지르고 싶다. 기득권의 합리적 통제에 따라살아야 한다. 반항하고 싶다. 이럴 때 우리는 달리고 싶고, 소리 지르고싶고, 분노의 질주를 원한다. 딥 퍼플(Deep Purple)의 하이웨이 스타(Highway Star)를 꿈꾼다.

Highway Star(1972, Deep Purple, 앨범명 Machine Head)

Nobody gonna take my car

I'm gonna race it to the ground

Nobody gonna beat my car

It's gonna break the speed of sound

Oooh it's a killing machine

It's got everything

Like a driving power big fat tyres and everything

I love it and I need it
I bleed it yeah it's a wild hurricane
Alright hold tight I'm a highway star

Nobody gonna take my girl
I'm gonna keep her to the end
Nobody gonna have my girl
She stays close on every bend
Oooh she's a killing machine
She's a moving mouth body control and everything

I love her I need her
I seed her
Yeah She turns me on
Alright hold on tight I'm a highway star

Nobody gonna take my head
I got speed inside my brain
Nobody gonna steal my head
Now that i'm on the road again

Oooh i'm in heaven again i've got everything

Like a moving ground an open road and everything

I love it and I need it

I seed it eight cylinders all mine

Alright hold on tight I'm a highway star

Nobody gonna take my car

I'm gonna race it to the ground Nobody gonna

beat my car

It's gonna break the speed of sound

Oooh it's a killing machine

It's got everything like a driving power big

fat tyres and everything

I love it and I need it

I bleed it

Yeah it's a wild hurricane

Alright hold on tight I'm a highway star

I'm a highway star, I'm a highway star

실컷, 울어야 다시 사랑할 수 있다

지역에서 열리는 록 페스티벌도 좋고 공연장도 좋다. 단, 공연장에 참석할 때는 술은 피해야 한다. 술을 먹고 느끼는 것과 먹지 않고 느끼는 것은 엄연히 다르다. 갈증을 이기기 위한 작은 물병과 땀을 닦기 위한 수건을 휴대하는 것은 좋은 방법이다. 뛰면서 수건과 물병을 흔들면 더욱 신난다. 공연이 시작되기 전 주위를 둘러보길 바란다. 참석한 사람들이 어떤 사람들인지 볼 필요가 있다. 교복을 입은 학생, 점잖게 양복을 입은 아저씨, 평상복 차림의 젊은 남녀, 머리가 희끗희끗한 중년까지 많은 사람들이 참석했을 것이다. 이 다양한 사람들이 공통되게 분출하려는 것은 무엇인지 생각해보라. 그리고 당신이 무엇을 분출하려는지 생각해보라. 공통점을 찾았는가? 바로 그것이다. 목적을 가지고 터트려야 한다. 목적을 분명히 하고 그동안 쌓였던 억압된 감성을 터트려야 한다. 자, 이제 공연이 시작되었다. 소리를 질러라! 뛰어라! 당신은 지금 하이웨이 스타(Highway Star)이다.

막 치유되는 느낌이에요.

가끔은 타인에게 자신이 어떤 모습을 하고 있는지 물어볼 필요가 있다

나의 단점을 찾아 보세요

제19대 국회의원 선거에 민주통합당 공천을 받은 김OO 후보가 구설수에 올랐다. '생계형 시사평론가' 라고 자신을 드러내며 시원시원한 언변을 통해 인기를 얻던 위인이었다. 김OO 후보의 장점은 '말' 이었다. 하지만 과거에 했던 그 '말' 이 문제를 일으킨 것이다. 장점이 단점이 되었다. 2012. 4. 16. 인기 개그맨 김OO씨는 방송에서 스스로 하차하였다. 거침없는 '말' 로 인기를 끌던 그였지만 과거에 했던 '말' 한 마디 때문에 방송을 중단해야 했던 것이다. 이는 우리나라에서만 있는 사례가 아니다.

"피임 보험" 주장에 "창녀" 미 보수논객 또 방송 퇴출
인터넷 경향신문 심혜리 기자 (2012. 4. 11)

건강보험료에서 피임 비용을 지불하자고 주장하는 여대생에게 "창녀"라고 막말을 한 미국의 유명 라디오 보수논객이 라디오 방송국에서 퇴출됐다.

미국 필라델피아의 보수 성향 방송국 WPHT는 10일, 40여 일 만에 중대 결정을 내렸다. 매주 2,000만 명이 듣는 유명 라디오 토크쇼 〈러시 림보 쇼〉를 내리고 〈마이클 스머코니시 쇼〉로 대체하겠다는 것이다. 전국 600여 개의 라디오 방송국 중 매사추세츠의 WBEC와 하와이의 KPUA에 이어 극우 보수성향의 정치 평론가인 러시 림보(61)를 퇴출시킨 3번째 방송국이다.

림보는 지난 2월 29일 자신의 방송에서 같은 달 23일 미 의회 청문회에 나가 피임에 대해서도 건강보험혜택을 주도록 주장한 조지타운대 로스쿨 3학년 샌드라 플루크(30)에 대해 끔찍한 발언을 퍼부었다. 그는 "플루크가 주장하는 것은 기본적으로 자신의 성관계로 돈을 받겠다는 것이다"며 "그것이 무엇을 의미하는가, 바로 그녀가 창녀라는 것 아닌가"라고 말했다. 그는 이어 "그녀는 매춘부 같다"며 "그녀는 성관계 횟수가 너무 많아 피임 비용을 감당할 수 없어 국민들의 세금으로 성관계를 계속 맺고 싶다는 것"이라고 얘기했다.

림보의 막말은 여기서 멈추지 않았다. 그는 "우리가 플루크의 성관계에 돈을 지불해야 한다면 그녀는 성관계 장면을 찍은 동영상을 온라인에 올려 우리가 볼 수 있도록 해야 한다"고도 말했다.

플루크는 앞서 미 의회 청문회에 나가 종교 관련 단체도 직원들의 피임에 대해 건강보험 혜택을 주도록 하는 버락 오바마 대통령 정책을 지지한다고 밝혔다. 그녀가 재학 중인 조지타운대학은 가톨릭계 학교로 직원들에게 피임에 대해 보험 혜택을 제공하지 않고 있기 때문에 플루크는 "건강보험의 혜택을 받지 않고 안전하게 피임을 하는 데 3년 동안 3,000달러가 든다"고 주장했다.

림보의 막말은 정치적 풍자와 유머가 상대적으로 발달한 미국에서도 논란이 됐다. 림보의 사과에도 불구하고 시민들은 방송국에 림보의 퇴출을 요구했고, 여론이 악화되자 광고주들이 떨어져 나가기 시작했다. 미국 온라인 미디어 업체 아메리카온라인(AOL)을 비롯한 대형 광고주들이 림보에 대한 지지를 철회했다. 지난달 초 매사추세츠의 WBEC 방송국과 하와이의 KPUA 방송국은 〈러시 림보 쇼〉를 내리겠다고 밝혔다. KPUA 방송국은 림보의 퇴출을 발표하면서 "림보의 발언은 우리가 방송에서 기대하는 적정한 기준과 품위의 선을 넘었다"고 밝혔다.

한 달이 지나도 림보 퇴출 운동은 사그라지지 않았다. 한 달 만에 4,000명이 넘는 사람들이 퇴출 청원에 서명을 했다. 림보의 토크쇼에 광고를 중단하겠다는 광고주들도 100개사가 넘었다. 막말 이후 곧바로 광고를 철회한 온라인 자료백업 서비스 업체인 '카보나이트'의 최고경영자 데이비드 프렌드는 "플루크 또래의 딸을 가진 사람이라면 어느 누구도 이 용기 있는 여성을 모욕한 것에 가만히 있을 수 없을 것"이라며 "광고 철회 결정을 번복하지 않겠다"고 말했다. 지역 방송국 중에서도 영향력이 큰 WPHT도 퇴출 결정을 내릴 수밖에 없었다.

림보의 퇴출은 단순한 '말실수' 때문이 아니었다. 방송인으로서의 자질 문제라는 것이 그의 퇴출을 요구한 시민들의 주장이었다. 청원을 주도했던 민간단체인 '사인온'의 이사 스티븐 비엘은 "림보의 플루크에 대한 발언과 퇴출 서명운동은 단순히 우연적으로 일어난 일회적 사건이 아니다"라면서 "이미 전국적으로 190여 개 방송국에서 림보의 여러 다른 발언에 대한 퇴출 서명 400개가 진행되고 있다"고 말했다. 비엘은 "이는 그에 대한 대중의 불만족, 혐오의 폭을 보여주고 있다"고 덧붙였다.

실제 림보의 경력은 여성주의와 환경주의 등의 운동을 무시하고 동성애자와 유색인종을 혐오하는 성향의 발언으로 얼룩져 있다. 지금은 극우주의자들 사이에서 널리 알려진 '페미나치(페미니스트와 나치의 합성어)'라는 말은 그가 1992년 그의 책에서 "낙태권과 레즈비언 권리에 미쳐 있는 여자들"을 가리켜 처음 주장한 단어다.

또 그는 지난해 1월 당시 방미 중이었던 후진타오 중국 국가주석의 중국 말투를 흉내내 중국계와 아시아계 정치인들로부터 "인종차별주의적 처사"라는 비난을 들었다. 아시아계 인권단체들은 당시 림보가 진행하는 프로그램에 광고를 내는 기업에 대한 불매운동을 벌이기도 했다.

특히 피임에 대한 의료보험 적용은 현재 미국에서 진보진영과 보수진영 사이의 첨예한 이슈기 때문에 불똥은 정치권으로도 번졌다. 림보의 막말에 대한 거센 비난 여론이 형성되자 공화당 대선후보들은 극우 보수 언론인의 발언에 휩쓸리지 않도록 그와 거리두기를 하고 있다. 릭 샌토럼 후보는 "그의 발언은 부조리했다"고 지적했고, 론 폴 후보는 "매우 조잡했다"고 비판했다. 미트 롬니 후보는 "림보의 발언이 우리가 사용하는 언어가 아니다"며 강하게 비난했다.

미국 미주리주에서 태어난 림보는 16살 때부터 라디오 DJ 일을 시작했으며 부모님의 성화로 사우스이스트 미주리 주립대학에 등록했으나 1년도 채 다니지 못하고 자퇴했다. 이후 지역의 여러 방송국을 돌아다니며 라디오 토크쇼 진행을 맡아왔다. 2010년엔 자신보다 26살 연하인 여성과 네 번째 결혼식을 올려 화제가 되기도 했다.

탁월한 재무적 능력과 영업 능력은 기업에서 꼭 필요한 가치 중 하나이다. 이런 능력을 잘 활용하면 기업의 CEO로 발탁이 될 수도 있으며, 기업의 주식 가치를 올리는 데 큰 기여를 한다. 능력에는 지적 능력도 포함될 수 있다. 지적 능력은 학력 등과 같은 조건으로 판단되는 경우가 많다. 하지만 자신의 능력을 포장하기 위해 거짓말을 했다면 아래와 같은 경우가 발생한다.

퇴출 야후 CEO, 암 진단까지 받았었다.
인터넷 매일경제뉴스 진정호 기자 (2012. 5. 15)

학력 위조 의혹으로 최고경영자(CEO) 자리에서 물러나게 된 야후의 스콧 톰슨이 갑상선암 진단을 받은 것으로 알려졌다.

미국 월스트리트저널(WSJ)은 사안에 정통한 소식통을 인용, 톰슨이 지난 주말 갑상선암 진단을 받았으며 그 사실을 며칠 전 이사회와 동료 일부에게 알렸다고 14일(현지시간) 보도했다.

톰슨의 학력위조 의혹에 대한 이사회의 조사가 아직 마무리되지 않은 상황에서 암 진단 사실은 그의 사직에 일정 부분 영향을 미친 것으로 보인다고 소식통들은 전했다.

톰슨은 암 판정 받은 사실을 한 동료에게 얘기하면서도 사생활이기 때문에 일반에 알려지는 것은 원치 않았다고 WSJ은 전했다.

앞서 13일 야후는 톰슨이 즉각 회사를 떠날 것이며 선임 임원인 로스 레빈손이 임시 CEO로 대행할 것이라고 발표한 바 있다.

기업을 성장시키는 데 필요한 능력을 한 가지 더 꼽자면 탄탄한 인적 네트워크를 들 수 있다. 특히 특정 산업분야에 집중이 필요한 사업의 경우에는 무시할 수 없는 힘을 지닌다. 그러나 그 네트워크를 잘못 활용하면 발목이 잡힐 수도 있다.

공군 전투장비 허위정비… 240억 빼먹은 방산업체
인터넷 국민일보 최현수 기자 (2012. 4. 30)

공군 전투장비 분야 정비업체들이 허위정비를 통해 정비대금을 착복하는가 하면, 이를 감시해야 할 군 기술검사관은 업체들로부터 뇌물을 받고 이를 눈감아준 것으로 드러났다.

감사원은 2011년 11월부터 2012년 1월까지 '방산원가분야 기동점검'을 실시한 결과 이 같은 사실을 적발했다고 30일 밝혔다. 감사원은 2010년 4월 해군 링스헬기 추락사고 이후 첨단 공중전투장비의 유지보수 강화와 방산비리 척결을 위해 무기류 정비에 대한 감사를 실시해왔다.

감사 결과에 따르면 공군 방위산업체 OO사는 위장 수출입과 허위세금계산서 발급 등의 수법으로 정비대금 240억 8,000만 원을 과다 수령했다. 이 회사는 2006년부터 2011년 9월까지 방위사업청 및 공군 군수사령부와 공군 전투장비 부품 2,092개에 대한 정비계약을 체결했으며, 멀쩡한 부품을 결함이 있는 것처럼 속여 신품으로 교체했다.

특히 KF-16 전투기의 주요 부품인 다운컨버터(주파수 변환기)의 경우 수입 폐자재를 수출한 뒤 다시 수입하는 수법으로 170억여 원의 허위 수입신고필증을 교부받았다. 또 실제 구입하지 않은 부품 3만여 개를 구입한 것처럼 꾸며 79억여 원어치 세금계산서를 만들기도 했다. 정비대금으로 받아 챙긴 240억 8,000만 원 중 211억 1,000만 원은 허위 세금계산서 등을 발급한 공모자들에게 지급됐고 나머지는 대표이사 A씨의 비자금 조성과 아파트 구입 등에 쓰였다.

이 과정에서 부품 기술검사 업무를 담당한 공군 군수사령부 준위 B씨는 A씨로부터 5,000만 원을 받고 허위로 작성된 기술검사 서류를 승인해줬다.

감사원은 방위사업청장과 공군 군수사령관에게 이 회사로부터 가산금 215억여 원을 포함한 부당이득금 451억여 원을 회수토록 통보하고 A씨 등 2명에 대해서는 사기 혐의로 검찰에 고발했다. 공군 군수사령관에게는 부정한 돈을 받은 B씨의 파면을 요구했다.

'보편타당성'이란 단어가 있다. 그리고 '개성'이란 단어가 있다. 그런데 아무리 자신의 개성이라 우겨도 보편타당하지 않다면 당신은 이상한 사람이 된다. 자신의 주장과 생각이 옳다고 생각되어도 보편타당하지 않은 생각이라면 집단에서 배제되는 경우가 있다. 북한에서 주체사상을 비판하면 이상한 사람이 되는 것과 같은 이치이다.

사람들의 눈살을 찌푸리게 하는 개성은 피해이다. 특별한 향수냄새를 풍기고 다녀 사람들의 후각을 고통스럽게 하는 경우가 있다. 당신이 좋아하는 행동으로 인해 스스로 우스꽝스러워질 수도 있다. 정장 차림을 유지해야 하는 직장에서 청바지를 입고 나타나거나, 여름 해수욕장에서 모피코트를 입고 있는 행위는 개성이라고 할 수 없다. 사람들에게 우스운 꼴만 되는 일종의 병이다. 어쩌면 각자가 지닌 보편타당하지 못한 어떤 행동은 사람들의 미움을 사고 있을지도 모른다. '그게 뭐 어때서!'라고 생각해서는 안 된다. 제일 강한 사람은 가장 힘이 센 사람이 아니다. 적이 없는 사람이다. 적이 없는 사람이 '무적'이다. 힘이 아무리 강해도 적이 있다면 뒤통수 맞는 수가 있다.

'단점보다 장점을 발전시켜라' 라는 말이 있다. 하지만 그 단점이 타인과 자신에게 피해를 주는 행동이라면 상황은 달라진다. 공든 탑도 무너질 수 있다. 미디어를 통해, 시쳇말로 '잘 나가는' 사람을 볼 수 있다. 정치인, 사업가, 방송인, 작가, 교수 등 이들이 방송에 나왔다는 이야기는 잘 나가고 있다는 의미로 해석될 수 있다. 자신의 장점을 발전시킨 대표적인 사람이다. 그러나 '한 방에 훅 가는' 사람이 종종 보이곤 한다. 각자 사연은 다르겠지만 단점 하나가 만들어놓은 과거에 발목 잡힌 점이 공통된다.

　'짧고 굵게' 또는 '가늘고 길게' 라는 말이 있다. 하지만 옳은 말은 '만족스럽고 오래' 이다. 누구나 추락하면 절망한다. 이런 말을 하면 종종 자신 있다고 큰 소리를 치는 사람도 있을 것이다. 하지만 추락 이후는 어떻게 할 것인가? 그 추락으로 우리나라를 대표하는 기업의 대표들도 자살이라는 안타까운 선택을 할 수밖에 없었다. 자신의 단점을 인정하고 발목 잡힐 과거를 만들지 않는 것이 돌다리도 두드려 건너는 방법이다.

　장점은 타인의 인정을 받는 부분이므로 인식하지 않아도 개발될 수 있다. 주로 '잘 한다' 라는 말로 칭찬을 듣는 부분이 장점이다. 그래서 누구나 잘하는 부분은 더 잘 하게 된다. 하지만 단점에 대해 이야기해주는 사람은 드물다. 설사 그런 이야기를 들었다고 하더라도 인정하고 싶지 않을 것이다. 하지만 단점은 자각하지 않으면 보완할 수 없다. 이제는 장점을 개발하는 노력보다 거꾸로 단점을 보완하려는 노력이 필요하다.

사람의 장점과 단점을 판단하기 위한 척도로서 성격유형검사를 활용할 수 있다. 성격을 판단하기 위한 검사 중 대표적인 검사는 'MBTI(Myers-Briggs Type Indicator)'가 있다. 누구나 한번쯤 경험해 보았을 검사이기 때문에 쉽게 여길 수 있다. 하지만 뒤집어서 생각해보면 그만큼 정확하고 권위적인 검사라는 의미이다. MBTI를 가볍게 여겨서는 안 된다. MBTI는 사람의 성격을 외향과 내향, 감각과 직관, 사고와 감정, 판단과 인식으로 구분하여, 총 16가지 유형으로 구체적인 정의를 한다.

MBTI의 각 성격유형의 정의는 전반부에는 듣기에 좋은 표현들로 작성되어 있다. 하지만 우리가 주위를 기울일 부분은 마지막 단락이다. ENTJ형의 경우를 예로 들어보겠다. ENTJ형의 후반부는 '다른 사람의 의견에 귀 기울일 필요가 있으며, (중략) 성급한 판단이나 결론은 피해야한다'라고 작성되어 있다. 재해석해 보겠다. '다른 사람의 의견에 귀 기울이지 않고 성급한 판단이나 결론은 내리면 낭패를 볼 수도 있는 성격이다.' 어떤가? 공든 탑이 무너지기 전에 단점을 인식해야 한다. 가까운 심리상담소를 찾으면 MBTI검사를 받을 수 있다. 그리고 자신의 성격유형 후반부를 늘 볼 수 있는 곳에 두기 바란다. 직장이라면 모니터 앞면에. 주부라면 TV나 냉장고 앞면에. 그리고 늘 그 문구를 보라.

가끔은 타인에게 자신이 어떤 모습을 하고 있는지 물어볼 필요가 있다. 타인이 보는 모습이 본인이다. 자신의 행동을 스스로 보기란 여간 어려운 게 아니다. 가끔은 편안한 자리에서 주위 사람들에게 자신의 행동을 물어보라. "요즘 제 행동이 어떻게 보이세요?"라고 말이다. 상대가 난처해 할 수도 있다. 그럼 이렇게 다시 물어보면 된다. "요즘 제가 너무 정신없이 사는 것 같아서요. 제가 바르게 살고 있는지 잘 모르겠네요"라고 해보라. 직장 상사, 친구, 배우자에게 가끔은 물어볼 필요가 있다.

답변 중에 한숨을 자주 쉰다, 기분이 급격하게 바뀐다, 화를 자주 낸다, 늘 힘이 없어 보인다, 짜증이 많다 등으로 기분과 관련된 이야기를 할 수 있다. 근간에 특별한 사건이 없는데도 이런 표현이 나왔다면 우울증을 의심해 볼 필요가 있다. '난 아니야'라고 여겨서는 안 된다. 우울증의 특징은 자신은 모르고 산다는 것이다. 그리고 그 기분을 어색하게 여겨 억지로 운동, 술, 일, 잠으로써 잊으려 한다. 또는 억지로 웃는 행동으로 사람들과 자신을 속이는 경우가 있다. 이런 우울을 '가면성 우울'이라고 부른다. 흔히 사람들은 우울을 '정신만 똑바로 차리면 된다'라고 쉽게 말하는데, 마음이란 마음대로 움직이지 않아 마음이다. 주위 사람들로부터 기분과 관련된 이야기를 자주 듣는다면 반드시 심리상담소를 찾았으면 한다. 우울감은 당신과 주위 사람들까지 망칠 수 있다. 우울의 전염성이 대단하기 때문이다.

단점은 자각하지 않으면 보완할 수 없습니다.

실컷, 울어야 다시 사랑할 수 있다

2장

현재와 연애하기

현재 누군가를 울렸다면
미래에는 당신을 울릴 과거가 된다.

현재 누군가를 미소 짓게 했다면
미래에는 회상하며 미소 지을 수 있는 과거가 된다.

현재 누군가와 함께 웃고 있다면
미래 그 순간에도 당신은 웃고 있을 것이다.

'부정' 이란 단어도 때로는 마음을 편하게 한다

아프면
아파하세요

 최근 경제학자 '토드 부크홀츠(Todd G. Buchholz)'가 쓴 러쉬(Rush : why you need and love the rat race)란 책이 국내에 출판되었다. 토드 부크홀츠는 세계적인 경제학자답게 경쟁이 사람들을 더 행복하게 할 수 있다는 주장을 많은 사례와 이론으로 증명하려 한다. 하지만 이 책은 시작부터 치명적인 결함을 안고 있다. 러쉬의 한 대목이다.

 "아침에 일어나자마자 뭔가에 기여하고 뭔가를 해냄으로써 '참 잘했어 요' 도장을 받고 싶었다는 얘기다. 나머지는 시시했다. 그로부터 몇 주 뒤, 나는 주말에도 출근을 하게 되었다. 딱 내가 원하는 삶이었다. 나는

초과근무 수당 따위는 받지 않았다. 내가 얻은 건 단지 정신적 만족감이
었다."

하지만 모든 사람이 '참 잘했어요' 도장을 통해 정신적 만족감을 원
하는 것은 아니다.

DSM-Ⅳ(美 정신장애 진단 및 통계 편람 4판) 기준으로 연극성 성격
과 자기애성 성격을 가지고 있는 사람이 '참 잘했어요' 도장을 받고 싶
어 한다. 편집성 성격과 강박적 성격을 가진 사람의 특징도 열심히 일한
다는 공통점이 있다. 하지만 그들이 원하는 것은 '참 잘했어요'가 아니
다. 편집성 성격의 사람들은 자신만의 왕국을 만들기를 원한다. 강박성
의 사람들은 완벽함을 원한다. 그리고 권위적이다. 타인 권위에 충성하
고 자신의 권위에 복종을 원한다. 이들도 열심히 일하지만 추구하는 바
는 본질적으로 다르다. 사람이 정신적 만족을 위해 행동하는 근본적 이
유는 모두 다르다. '러쉬'에서는 경쟁을 미화시키지만 분열성, 분열형,
의존성, 회피성 성격을 가진 사람들은 체질적으로 경쟁을 싫어한다. 그
냥 따라가거나 도망가거나 자신만의 삶을 살아가며 정신적 만족감을 얻
는다. 토드 부크홀츠의 주장처럼 경쟁이 일부 사람들에게는 행복과 상
관관계는 있을지 몰라도 절대적이지는 않다는 얘기다.

그렇다면 '절대긍정'과 행복과의 상관관계는 있을까? 절대긍정주의

자들의 성격에도 공통점이 있다. 집 밖에 나서면 얼굴에는 한껏 웃음을 보이고 열성적으로 일을 한다. 몸이 부서져 병원 신세를 진다고 해도 행복하다고 한다. 그리고 병원 문 밖에 나오면 다시 활짝 웃는다. "안녕, 세상아. 넌 참 아름답기만 하구나" 하면서 말이다. 그런데 모든 사람이 이렇게 행동할 수는 없다. 내가 군복무 중에 있었던 일이다. 내무반에 일이 생겨 고참들에게 혼이 날 일이 있었다. '오늘 죽었구나' 하고 잔뜩 긴장한 채 이를 꽉 깨물고 집합장소로 향했다. 그런데 뜻밖에도 훈계가 끝나고 쉽게 보내주는 것이 아닌가. 그러자 속이 편해졌다. 인간의 방어기제 중에 '예상'이란 방어기제가 있다. 사건이 발생하기 전에 잠정적으로 미리 경험하는 것을 의미한다. 성숙하지 못한 예상은 최악의 상황을 상상하여 우울이나 불안을 초래할 수 있다. 하지만 성숙하지 못한 예상에도 장점은 있다. 일단 사건이 발생하면 속이 후련해진다. '부정'이란 단어도 때로는 마음을 편하게 한다.

미국을 시작으로 '긍정'이란 단어가 만병통치약처럼 번진 적이 있다. 우리나라도 예외는 아니다. 세일즈맨, 기업, 연예인 등 많은 직업군-심지어 몇몇 심리학자까지-에서 '긍정'이란 단어를 무분별하게 사용하고 있다. 이 사람들의 주장은, 간절히 바라면 '끌어당김'의 법칙으로 바라는 일이 이루어진다고 한다. 물론 일부는 사실이다. 하지만 그들에게 묻고 싶다. 멀쩡히 쇼핑을 하고 있는데 백화점이 무너져 내리면 고객들은 백화점이 무너지기를 상상했단 말인가? 선천적으로 심각한 질병으로 병원을 떠나지 못하는 사람들은 간절히 병을 희망했단 말인가? 몇 살 되지 않는 어린아이들이 사고로 또는 질병으로 고통받고 있는 모습을 TV에서 보곤 하면 채널을 돌리곤 한다. 가슴이 너무 아파서 볼 수가 없다. 절대긍정주의자들에게 물어보고 싶다. 이 아이들과 부모들은 그렇다면 자신들이 고통받기를 그토록 상상했단 말인가? 생각한대로 모든 것이 이루어진다는 그들의 논리에 따른다면 지금 고통받고 있는 사람들은 무엇을 생각하고 있단 말인가. 현실적 상황과 긍정적인 사고는 또 다른 문제이다.

긍정심리학이 출발한 곳은 미국이다. 그렇다면 미국을 시작으로 전 세계를 뒤 흔든 '서브프라임 사태'는 어떻게 설명할 것인가. '서브프라임 사태'의 이면에는 '절대 망하지 않는다'라는 안전 불감증이 존재한다. 멀리서 찾을 필요는 없다. 우리나라의 삼풍백화점과 성수대교를 시작으로 2007년 태안 기름유출사건까지 모두 개개인의 안전 불감증이 모여서 만들어낸 결과이다. 때로는 편집증적인 사고가 우리의 안전을 지킬 수도 있는 것이다.

긍정적으로 생각하자는 강박관념으로 슬프고 아픈 상황에서도 웃으려 하는 사람이 있다. 자신의 마음을 억압하고 있는 것이다. 자신의 감정을 억압하는 데 익숙해지면 이성이 본능을 지배하게 된다. 그리고 억압된 본능은 없어진 것이 아니라 다른 상징적 행동으로 표출된다. 예를 들어 어린아이들의 '틱'은 부모에 대한 적개심의 억압된 현상이다. 자살은 자신의 힘든 감정을 억압하고 억압하다 최종적으로 주위사람들에게 보내는 '살려주세요!'라는 메시지이다. 요즘 사회적인 분위기에는 울고 싶은 사람도 울지 못하고 힘들어하는 사람도 힘들다고 이야기하지 못하는 분위기이다. 억압된 감정은 결국 어디론가 나타나게 되어있다. 뒤집어서 생각해보겠다. 코미디 프로를 보다가 나오는 웃음을 억지로 참을 수 있는가? 나오는 웃음을 억지로 참으면 웃음이 더 나온다. 그런데 나오는 눈물을 억지로 참는다면 어떻게 되겠는가. 분명히 그 눈물은 가슴속 어느 가운데 상처를 남길 것이다. 그 상처는 드러내기 싫은 흉터로 만들어지고, 쌓이고 쌓여 결국 병이 된다. '화병'이라고 하는 우리나라만의 정신장애가 있다. 우리나라의 '화병'은 미국에서도 유명하다. DSM-Ⅳ(美 정신장애 진단 및 통계 편람 4판)는 '화병(hwa-byung)이란 한국 민속 증후군의 하나인 분노 증후군으로써, 분노의 억제로 인하여 발생한다'라고 설명하고 있을 정도다. 참으면 병 된다.

웃음으로 자신의 상처를 잊으려 하는 사람에게 보이는 대표적인 장애가 '가면성 우울증'이다. 속은 아파죽겠는데 표정으로 웃고 있다. 나의 한 지인은 정신과 진료를 받고 우울증이 심각하다는 진단을 받았다고 한다. 그런데 자신은 그 진단에 의심이 간다고 했다. 자신은 잘 웃으며, 주위 사람들이 '밝은 사람'이라고 '평가'한다고 했다. 그리고 그녀는 나에게 환한 웃음을 보이며 깊은 칼자국이 있는 자신의 손목을 보여주었다. 사람들의 평가 때문에 억지로 웃고 있는 '가면성 우울증'이 깊은 사람이었다.

SNS와 미디어는 세상을 이분법적으로 '좋다'와 '싫다'로만 느끼도록 만들었다. 배우자도 돈과 지위로 계급화되었다. 돈과 명예가 행복의 필수 조건이라는 분위기를 부정하기 어렵다. 좋은 직장의 조건은 연봉이다. 사람들의 꿈은 돈을 많이 버는 직업이다. 꿈이라는 추상명사를 이루면 생활이 풍요롭게 되리라는 막연한 '생각'을 가지고 있다. 막연한 '생각'이 삶의 순간순간에 '느낌'을 지배하는 세상이다. 이런 사회적 분위기를 거스르면 이상한 사람이 된다. 하지만 눈을 감고 상상을 해보라. 내가 원하는 꿈은 최연소 ○장이다. 일한다. 또 일한다. 퇴근시간, 나는 사무실에 남아 프로젝트를 기획하고 있다. 밤 11시, 퇴근을 한다. 지친 몸을 이끌고 현관문을 연다. 아내와 아이들이 자고 있다. 오전 7시, 무거운 몸을 이끌고 출근한다. 회의를 주관한다. 사장님이 박수를 친다. 승진을 한다. 퇴근시간, 회식을 한다. 1차 고기집, 2차 호프집, 3차 노래방. 새벽 2시, 지친 몸을 이끌고 현관문을 연다. 아내와 아이들이 자고 있다. 지쳐 잠든다. 오전 7시, 다시 무거운 몸을 이끌고 출근한다. 상상하였는가? 어떤 느낌이 드는가?

　이렇듯 '행복'이라는 추상적 단어를 정의하기에 앞서 지금 이 순간 현재 느껴지는 '느낌'에 솔직해야 한다. '성공하면 행복하겠지?'란 막연한 미래를 꿈꾼다고 지금 당장 행복해지던가? 그렇다고 억지로 웃는다고 행복해지는 것도 아니다. 일단 아프면 아파하고 울고 싶으면 실컷 울어야한다. 우리 속담에 '참으면 병 된다'란 말이 정답이다.

　군 복무 시절에 있었던 일이다. 2003년 9월 우리나라를 강타한 태풍 매미로 내가 속한 부대도 피해를 입었다. 항공기 격납고의 지붕이 날아간 것이다. 어쩔 수 없이 보수를 위해 부대의 장병들은 격납고 위로 올라야 했다. 높이는 아파트 12층과 맞먹었는데 오를 수 있는 유일한 방법은 외벽에 설치된 사다리뿐이었다. 벽면에 설치된 사다리로 많은 장병들이 올라야 했고 나 또한 예외는 아니었다. 한 발, 한 발 오르는데 다리가 후들거렸다. 떨어지면 죽을 수 있다는 생각에 겁이 나서 온몸에 힘이 들어갔다. 손과 발에 모든 신경이 집중되었다. 공포가 엄습하여 나도 모르게 "아우! 무서워!" 하고 소리를 질렀다. 무서워서 무섭다고 했다. 그런데 무섭다고 인정하니 덜 무서워지는 것이 아닌가. 웬걸, 자신의 감정에 솔직하니 오를 수 있는 힘이 생겼다. 그리고 주위 사람들이 다 함께 응원하기 시작했다. "할 수 있다!"라고 외치며 서로에게 용기를 주었다. 참으로 신기한 경험이었다.

우울의 정도를 판단하는 심리검사 중 BDI(Beck's Depression Inventory)가 있다. 그중 10번과 11번 문항은 아래와 같다. 문항별 답안 번호는 우울의 강도와 일치한다.

10. ⓪ 나는 평소보다 더 울지는 않는다.
   ① 나는 전보다 더 많이 운다.
   ② 나는 요즘 항상 운다.
   ③ 나는 전에는 울고 싶을 때 울 수 있었지만,
      요즘은 울래야 울 기력조차 없다.

11. ⓪ 나는 요즘 평소보다 더 짜증을 내는 편은 아니다.

① 나는 전보다 더 쉽게 짜증이 나고 귀찮아진다.

② 나는 요즘 항상 짜증스럽다.

③ 나는 전에는 짜증스럽던 일에 요즘은 너무 지쳐서
　짜증조차 나지 않는다.

울래야 울 기력조차 없고, 짜증조차 나지 않는 상태. 정말 위험한 상태이다. 이들은 상태를 호전하기 위해서 일단 울어야 한다. 짜증을 내야 한다. 울고 짜증내는 것이 울지 못하고 짜증내지 못하는 상태보다 더 호전된 상태이다. 가슴속에 있는 눈물이 나오기 시작하면 항상 울게 되고, 남은 눈물도 모두 뽑아내면 평소보다 울지 않는 상태가 될 수 있다.

아프고 눈물이 흐르면 실컷 울어야한다. 그래야 아픔을 이길 수 있는 힘이 생긴다. 그래야 주위에서 도와줄 수 있다. 그런데 눈물이 나지 않는다고? 일본의 심리상담사 하세가와 야스조는 이렇게 말한다. "힘들면 도와달라고 말해요." 그렇다. 심리상담사의 역할 중 한 가지는 울고 싶은 사람 울게 해주는 것이다. 아이러니하지 않은가. 아파도 아파하지 못하고 울고 싶어도 울지 못하기에, 내담자들이 돈까지 지불하며 찾아오는 것이다. 오죽하면 말이다. 오죽하면.

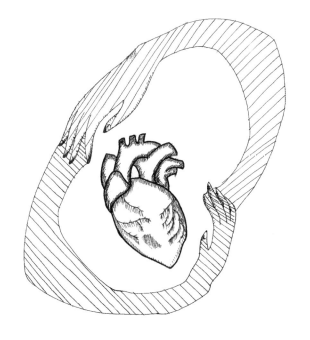

행복의 첫 번째 단추는 경쟁, 긍정, 웃음이 아닙니다.
아프면 일단 아파하는 솔직한 자세입니다.

마음에 따라 세상을 왜곡할 수 있다

연애하기
2

Beliefs
신념을
버리세요

대한민국을 대표하는 작가 이문열님의 소설 '사람의 아들(2004, 4판)' 중 일부(p.240 ~ p.242) 내용이다.

가까이 가서 들어보니, 그 발단은 그때껏 시가지 밖으로 한 번도 나가 본 적이 없음에 분명한 앉은뱅이 소년 하나가 해는 도시의 지붕에서 뜬다고 잘라 말한 데 있었다. 마침 그 자리에 있던 산악 지방 출신의 대장장이가 해는 산이며 골짜기에서도 떠오른다고 말하였고, 이어 한때 갈리선의 노예였다가 속량되었다는 염장이는 해가 멀리 동쪽 바다에서 떠오른다고 우겨 해에 대한 말다툼은 차츰 커지게 되었다. 그리하여 나중에는 해가 뜨는 곳뿐만 아니라 그 크기며 빛깔, 모양에 이르기까지 각양각색의 주장으로 그 나무그늘은 자못 소란스러워졌다.

다툼의 내막을 안 아하스 페르츠는 쓴웃음과 함께 그곳을 지나치려 했다. 배운 것 없는 사람들의 그 기묘한 말다툼을 끝까지 지켜보고 앉아 있을 수 있을 만큼 한가롭지는 못했기 때문이다. 그런데 아하스 페르츠가 막 발걸음을 떼어놓으려 할 무렵, 그때껏 말없이 다른 사람들이 떠드는 걸 듣고 있던 장님 하나가 색다른 의견으로 주위를 끌었다.

"해는 없소. 당신들이 말하는 그런 해는 모두가 거짓이오."

아하스 페르츠가 가만히 살펴보니 차림은 거지와 크게 다를 바 없어도 얼굴에는 어딘가 만만찮은 배움의 그늘이 어려 있었다. 그때껏 목청을 돋우고 있던 사람들은 그 엉뚱한 말에 어이가 없었던지 잠깐 다툼을 멈추고 그 장님을 쳐다보았다. 그러나 그는 오히려 그런 그들을 무시하듯 그 누구보다 단정적인 목소리로 말을 이어나갔다.

"나는 한평생 해를 연구해 온 사람이오. 나도 한때는 해에 대해 당신들과 같은 식으로, 그러나 당신들보다 훨씬 더 많은 것을 알고 있었던 적이 있었소. 하지만 더욱 많이 그리고 더욱 확실하게 해를 알려다가 종당엔 이 두 눈만 잃어버리고 말았소. 너무 자주, 오래 해를 쳐다보다가 뜨거운 햇살에 두 눈의 동자가 타버린 것이오.

그런데 두 눈을 잃자 갑자기 해는 있다는 것조차가 의심스런 것이 되고 말았소이다. (중략)

나도 실은 시각을 잃고 나서야 비로소 그걸 깨달았소. 그리하여 오관의 감각들마저 이성의 힘으로 봉해 버리자 당신들이 말하는 그런 해는 내게 없어져 버린 거요. 있다면 오직 해란 말이 가진 순수한 추상뿐이오."

그러나 그 순간도 해는 분명한 실체로서 여전히 밝고 뜨겁게 타오르고

있었다.

앉은뱅이는 해가 도시의 지붕에서 뜬다고 하고, 산악지방의 대장장이
는 산과 골짜기에서 뜬다고 한다. 바다에 살던 염장이는 동쪽바다에서
떠오른다고 한다. 그러나 장님은 오관을 이성의 힘으로 봉해버리자 해
는 없다고 말한다. 그러나 그 순간에도 해는 분명한 실체로서 여전히 밝
고 뜨겁게 타오르고 있었다. 이렇듯, 내가 본 것도 사실이 아닐 수 있다.

EBS '원더풀 사이언스−기억의 재구성(2009)'에서는 기억에 관한 흥
미로운 심리실험을 한다. 제작진은 실험에 참가한 참가자들에게 15초의
시간을 주고 한 대학 강의실의 사물을 최대한 많이 그리고 정확히 기억
하라고 주문한다. 이후 참가자들에게 기억나는 사물을 자연스럽게 작성
하게 하고, 간단한 계산식을 풀게 한다. 마지막으로 제작진이 나눠준 목
록에서 기억나는 것을 선택하게 한다. 어디서나 볼 수 있는 평범한 강의
실이었다. 하지만 실험에 사용된 강의실에는 어울리지 않는 무언가가
있었다. 보통의 강의실에 있어야 할 칠판지우개와 보드마카를 담뱃갑과
볼펜으로 바꾸어 놓았다. 과연 참가자들은 이 담뱃갑과 볼펜을 어떻게
기억했을까? 제작진은 참가자들이 강의실에서 봤다고 목록에서 확인한
것들을 다시 한 번 확인한다.

제작진 : 볼펜은 어디 있었나요?

이대헌 학생 : 보드마카… 화이트 보드… 칠판 쪽에 있잖아요. 칠판

지우개랑 펜이랑…

제작진 : 칠판지우개는 그러면 보드마카 옆에?

이대헌 학생 : 네

제작진 : 뒤를 한번 보세요.

이대헌 학생 : 저거… 지우개 아닌가? 담배 아니에요? 담배.

제작진 : 칠판지우개? 맞나요?

이소희 학생 : 네.

제작진 : 칠판지우개가 어디 있었나요?

이소희 학생 : 칠판에

제작진 : 뒤를 한번 보세요. 저기 뭐에요?

이소희 학생 : 없는데…

제작진 : 그럼 저기 파랗게 보이는 건 뭐죠?

이소희 학생 : 담배.

제작잔 : 보드마카?

김규연 학생 : 있었어요.

제작진 : 뒤를 한 번 돌아보세요. 보드마카는 없는데요.

김규연 학생 : 아. 이상하다.

실컷, 울어야 다시 사랑할 수 있다

이후 5명의 참가자는 모두 칠판지우개 또는 보드마카를 보았다고 한다. 심지어 한 참가자는 제작진이 의도하지 않은 무언가를 보았다고 한다.

제작잔 : 보드마카? (없는 물건)

임지혜 학생 : 네.

제작진 : 에어컨?

임지혜 학생 : 네.

제작진 : 태극기? (없는 물건)

임지혜 학생 : 네.

제작진 : 책상, 칠판?

임지혜 학생 : 네.

제작진 : 태극기 있는지 봐주세요.

임지혜 학생 : (확인하고 웃으며) 없어요.

제작진 : 저쪽도 한 번 봐주세요. 왜 있다고 체크하셨죠?

임지혜 학생 : 보통 강의실엔 칠판 위에 있잖아요. 있을 줄 알고 했어요.

강의실에 대해 그들이 떠올리는 이미지가 잘못된 기억을 만들어 낸 것이다. 내가 보았다고 확신하는 것도 사실이 아닐 수 있다.

2005년 〈타임〉이 '가장 영향력 있는 100인'으로 선정한 작가 말콤

글레드웰. 그는 저서 블링크(2005)에서 다음과 같이 말한다.

> "식품 감정가들이 DOD(degree of different)라고 부르는 개념
> 을 이용해 같은 범주 안에 있는 제품들을 비교한다. DOD는 0부터 10
> 까지인데 10은 두 가지의 맛이 전혀 다르다는 것, 1이나 2는 같은 제품
> 이지만 다른 가마에서 구웠다는 것 정도의 차이를 뜻한다. DOD가 5나
> 6인 제품은 꽤 가깝지만 적어도 구별은 된다. 그런데 코카콜라와 펩시는
> 고작 4이며, 어떤 경우에는 그 차이가 더 줄기도 한다. DOD 4란 콜라
> 에 대해 열심히 공부한 사람만이 구별할 수 있는 미묘한 차이다."

실험을 한 가지 해보겠다. 지금 옆에 있는 이에게 코카콜라와 펩시 중
어떤 것이 더 맛있냐고 물어보길 바란다. 그리고 맛의 차이를 구체적으
로 물어보아야 한다. 만약 그 차이를 정확히 설명하는 이라면 '콜라에
대해 열심히 공부한 사람'이거나, 콜라의 '맛'을 자신의 '생각'으로 만
든 사람이다.

정신분석학적으로 사람의 행동은 외부 상황과 무의식적 신념이 부딪
힌 반응을 따르게 되어 있다. 이런 반응을 '방어기제'라고 부른다. '방
어기제' 중 '투사'라는 개념이 있다. 아래의 그림을 보겠다.

위 그림이 무엇으로 보이는가? 웃는 사람, 동물의 얼굴, 자동차, 비행기, 딱정벌레? 그 무엇도 정답이 아니다. 위의 그림은 그냥 흰 종이에 있는 검은 점들일 뿐이다. 사람들은 자신이 보고 싶은 대로 본다. 자신의 마음을 어떤 대상에게 보내 꼭 그 대상이 정말 그 것인 것처럼 단정한다. 이런 행동을 '투사'라고 한다. 세상이 썩어 보이는가? 배우자가 미운가? 그녀가 꼴도 보기 싫은가? 아이가 미운 짓만 골라하는가? 이런 사람이 즐겨하는 말버릇이 있다. "너 때문이야!" 나 이외의 것들은 원래 그렇게 있었다. 단, 내가 그렇게 보는 것이다. 시인 윤동주님의 서시를 읽고도 어떤 이는 사람의 고통을 그리는 반면 어떤 이는 사랑을 그린다. 같은 음식을 먹더라고 어떤 날은 짜다고 느끼는 반면 어떤 날은 싱겁게 느낀다. '옳다', '그르다'의 문제가 아니다. 그렇게 느끼고 그렇게 바라보는 마음이 대상의 본질을 흐릴 수 있다는 의미이다. 마음에 따라 세상을 왜곡할 수 있다는 의미이다. 지금부터 당신의 생각과 본질이 얼마나 확연하게 차이가 있는지 확인해 보겠다.

지금 눈을 감고 사과를 머릿속으로 떠올려보라. 아주 탐스럽게 익은 붉은색 사과이다. 사과는 반짝반짝 광택이 난다. 오른손으로 사과를 쥔다. 천천히 들여다 본다. 그리고 입으로 가져가 크게 한입 물어본다. 입속에 들어온 사과를 씹으며 과즙의 맛을 느껴 본다. 어떤 맛이 상상되는가? 새콤달콤? 과연 사과의 맛이 지금 상상하는 그 맛일까?

색 차이가 확연하게 보이는 사과를 두 개를 준비한다. 여러 가지 맛을 함께 느끼는 것이 중요하므로 껍질째 먹는 것이 좋다. 사과를 잘 닦아 물기를 완전히 닦아낸다. 한 손으로 사과를 쥐고 입으로 가져 간다. 사과를 먹기 전 사과의 맛을 생각해 본다. 그리고 크게 한 입 베어 문다. 눈을 감는다. 입으로 들어온 사과를 혀와 입천장, 입 안의 모든 피부를 동원해 느껴본다. 이제 사과를 씹는다. 천천히 꼭꼭 씹어야 한다. 사과가 갈라지며 이 사이사이로 과즙이 흘러나옴을 느껴 본다. 혀로 과즙의 맛을 느껴 본다. 성급하게 삼켜서는 안 된다. 씹고, 씹고, 씹어야 한다. 어떤 맛들로 사과가 구성되었는지 느껴 보라. 과즙을 삼키지 말고 목으로 넘어가는 느낌을 잡아야 한다. 계속 씹으면서 사과가 부서짐을 느껴 보라. 사과가 입 안에서 부서져 완전히 가루가 될 때까지 씹어야 한다. 과즙의 분자 하나까지의 맛을 느껴라.

맛이 어떤가? 한 가지 맛인가, 여러 가지 맛인가? 당신이 생각했던

'그런 맛'과 지금 씹고 있는 '그 사과 맛'이 어떤 차이가 있나요? 그 차이를 확연하게 느껴야 한다. 그리고 당신가 '맛'조차 생각으로 통제하고 있었다는 사실을 인정해야 한다. 이제 다른 사과를 같은 과정으로 먹어본다. 두 번째 사과 맛은 어떤가? 첫 번째 사과와 차이가 있는가? 그리고 그 차이를 설명할 수 있는가? 코카콜라와 펩시를 맛으로 구분할 수 없다 하더라도 색 차이가 뚜렷한 사과 맛의 차이는 설명할 수 있어야 한다. 어떤 사과의 단맛이 더 강한지, 어떤 사과의 떫은맛이 더 강한지, 신맛은, 그리고 짠맛은? 두 개의 사과를 먹어가며 맛을 구분해 본다.

당신에게 다가오는 자극-긍정적이든 부정적이든-은 이렇게 있는 그대로 받아들여야 한다. 이성(理性)에 따라 외부상황을 판단하는 것이 아니라, 오관(五官)을 사용하여 있는 그대로를 받아들여야 한다. 긍정적인 편견이 언제나 좋지만은 않다. 부실공사로 무너지는 건물, 사기로 인해 재산을 잃은 사람들, 맹목적 희망으로 시간과 돈을 모두 잃어버린 노력들. 모두 긍정의 편견이다. 또한, 부정적인 편견은 자신의 마음에 불신만을 만든다. 그래서 기회가 오더라도 잡지 못한다. 불신 때문에 스스로 막는다.

외부 상황에 반응하지 말고 오관(五官)을 사용하여 관찰자의 입장으로 현실을 바라봐야 한다. 현실을 있는 그대로 받아들이면 내가 생각하는 세상이 아닌 다양한 세상을 맞이할 수 있다. 좀 더 객관적인 판단을 할 수 있게 된다. 단순하게 '좋다 또는 싫다'로 나뉘는 이분법적 사고가 아닌 '이 사과보다 저 사과가 신맛이 더 강하네'란 다양성을 받아들일 수 있어야 한다.

심리학자 알버트 엘리스(Albert Ellis, 1913~2007)의 'ABC이론, 비합리적 신념' 이란 이론이 있다. 한 가지 선행사건(Antecedent event)이 발생하면 선행사건에 대한 신념(Beliefs)이 결과적 감정(Consequent emotion)을 만들어낸다는 이론이다. 그리고 결과적 그 감정은 행동을 이끌게 된다. 이 이론은 신념을 바꾸면 결과적 감정도 바뀌고 이에 따른 행동도 바뀔 수 있음을 설명한다. 똑같은 코미디 프로를 보고 박장대소를 하시는 사람이 있는가 하면 그냥 미소를 보이는 이도 있을 것이다. 담담한 사람이 있는가 하면 인상을 쓰며 거부하는 사람도 있다. 모두 같은 장면을 보고도 다른 반응을 보인다. ABC 중에 B(신념)가 다르기 때문에 느끼는 감정도 행동도 다르게 나타나는 것이다.

주관은 이성(理性)의 영역이다. 그리고 사람은 모두 주관이 있다. 오랜 시간 수행을 한 스님이거나 어린아이가 아니고선 주관이 개입될 수밖에 없다. 하지만 스스로 선행사건(Antecedent event)에 대한 결과적 감정(Consequent emotion)을 신념(Beliefs)이 지배한다는 사실을 인정해야 한다. 지금 생각하고 있는 것이 사실이 아닐 수 있다는 것을 인정한다면 많은 것들이 달라진다. 머리로 생각하는 이성(理性)의 부분은 판단의 영역이기 때문에 틀릴 수가 있다. 하지만 오관(五官)은 틀리지 않는다. 단지 다를 뿐이다. '비가 오는 날은 안 좋은 일이다.' '비가 오는 날은 좋은 일이다' 가 아니라 비가 오는 날은 그냥 비가 오는 날이다. 주관이 개입되지 않은 이런 자세는 비로 인해 자라날 농작물을 바라볼 수 있게 하며, 비로 인해 장사를 공치는 상인도 바라볼 수 있게 한다. 오관(五官)을 사용해서 있는 그대로 받아들이는 것은 곧 여러 가지를 느낄 수 있음을 의미한다. 감성(感性)의 풍요로움이다. 먹기를 통해 훈련할 수 있다. 오감만을 사용하면 선행사건을 좀 더 정확히, 좀 더 다양하게 받아들일 수 있게 된다.

생각이 많은 사람을 보면 나는 가끔 이렇게 물어보곤 한다.
"사과는 무슨 맛이죠?"
"새콤 달콤?"
"사과는 그냥 그 사과 맛이에요. 사과의 맛을 생각으로
결정하지 마세요. 사과는 그냥 그 사과 맛이에요."

"오관의 감각들마저 이성의 힘으로 봉해 버리자
당신들이 말하는 그런 해는 내게 없어져 버린 거요."
(사람의 아들 中)

그 사람을 행복하게 해주기 위해서는 그 사람을 알아야 한다

연애하기
3

자세히
바라보세요

자세히 보아야 예쁘다.

오래 보아야 사랑스럽다.

너도 그렇다.

　최근 강남 교보빌딩에 게시되어 화제가 된 시인 나태주 님의 '풀꽃'
이다. 이번 장은 '풀꽃'의 공감이다.

　사랑과 사람은 결국 같은 의미가 아닐까. 사람은 사랑이 부족하게 되
면 사랑을 얻으려 하고 또는 다른 것으로 보상하려 하기도 한다. 대인관
계에서 문제를 나타내고 흔히 '저 사람 성격이 좀 이상해'라고 표현되

는 사람은 대부분 성격장애가 있다. 그리고 성격장애에서 나타나는 공통적인 원인은 '모성결핍'과 '자존감'의 부족이다. 모성결핍은 사랑받지 못했다는 의미이며, 자존감의 부족은 자신을 사랑하지 못한다는 의미이다. 즉, 사랑을 받지 못했던 사람은 자신을 사랑하지 못하며 타인을 사랑하지 못하는 성격장애로 발전할 수 있다. 사랑과 사람은 결국 소리는 다르지만 같은 말이다.

사랑을 얻으려는 돈, 권력, 명예, 오직 섹스 등 노력은 변형된 모습으로 나타난다. 변형되어 얻은 사랑은 고갈될 수 있다. 그래서 힘들게 얻은 변형된 사랑이 주는 안정감이 도망가지 못하도록 집착이란 녀석이 눈을 뜨게 된다. 돈에 집착하고, 권력에 집착하며, 명예에 집착하고, 섹스에 집착한다. 또는 술, 운동, 도박, 자동차 등에 중독을 보이기도 한다. 상대가 떠날까 의심하게 되며, 사회와 단절 곧 자신이 떠나는 길을 선택하기도 하고, 인간관계와 관계없는 초자연적 현상에 매달린다. 사회를 착취하거나, 사람들의 관심을 받기 위해 연기를 하기도 한다. 떠나려는 조짐이 보이면 광분을 하기도 한다. 또는 스스로 왕이라고 생각하는 왕자병, 공주병이 발병하기도 한다. 사람들 관계에 들어가기를 무서워하기도 하며, 사람에게 매달려 전적으로 타인에게 의지하기도 한다. 권력을 이용해 갑을관계를 만들어 대인관계를 유지하기도 한다. 갑에게는 충성을 보이고 을에게는 복종을 강요하며, 대인관계를 비즈니스로 만든다. 이들 모두 사랑이 부족하기 때문이다.

사랑을 주면 사랑이 생기는 결과를 낳는다. 사랑을 주면 자위적이든 그 반대든 간에 사랑이 만들어짐은 사실이다. 자식에게 사랑을 주는 부모는 자식들이 건강한 신체와 사회성을 갖추어가는 것을 본다. 그리고 가슴 뿌듯해짐이 돌아온다. 마음속 사랑이 더 커진다. 사랑을 얻는 것이 아니라 사랑이 자연스럽게 만들어진다. 이런 사랑은 처음부터 대가를 바라고 도움을 주는 행동과는 다르다. 대가를 바라게 되면 도움을 받은 대상은 부담감에 등을 돌린다. 이 모습을 보고 '내가 너한테 어떻게 해 줬는데!' 라고 생각하게 된다. 대가를 바라는 애정은 진정한 사랑이 아니다. 그냥 사랑하면 가슴속에서 사랑이 자연 발화한다. 주면 얻는 것이 아니라 자연스럽게 생긴다.

따라서 '사람은 무엇으로 사는가?' 라는 톨스토이 물음에 대한 답변도 '사랑'이다. 가지려 착취하든, 주고 생기든 간에 말이다. 그래서 종교적 사랑을 하지 못하는 이상 차라리 주는 사랑을 택하는 편이 낫다. 그 편이 더 포만감과 안정감을 느낄 수 있으며 불안감을 덜 수 있기 때문이다.

영화 '아는 여자(2004, 장진 감독)'를 보면 사랑과 연애에 대한 장진 감독의 철학이 보인다. 여주인공 한이연은 남주인공 동치성을 사랑한다. 동치성의 신상을 모두 알고 있다. 동치성이 한이연을 알아가면서 영화는 마친다. 연애를 시작한 것이다.

철학자 강신주 님은 '세상을 바꾸는 시간, 15분. 109회(2012. 2. 22)'에 출연하여 '인문정신의 내적 논리, 단독성과 보편성'이란 주제로 강연 중 이런 이야기를 한다.

"저는 사실 아버지를 사랑하지 않아요. 제가 왜 이런 이야기를 하냐면, 전 아버지가 뭘 좋아하는지 몰라요. 사실. 우리가 사랑한다 하면요, 그 사람이 뭘 좋아하는지 앎이거든요. 왜냐하면 그걸 알아야 해요. 알아야 그 사람을 행복하게 해주니까. 그런데요 저는 새벽 두 시에 음악을 하나 틀어놓고 싶은데 아버님이 무슨 음악을 좋아하셨는지 모르는 거예요. 그래서 그냥 제가 좋아하는 슈베르트를 틀었어요."

그 사람을 행복하게 해주기 위해서는 그 사람을 알아야 한다. 그 사람을 모르면 사랑이 아니다. 배우자가 좋아하는 음식을 모르고 일방적으로 자신이 좋아하는 것을 지극 정성으로 해봤자 배우자는 좋아하지 않는다. 그런데 음식을 한 당사자는 상대가 좋아하지 않는다고 화가 나고, 음식을 먹은 배우자도 그 나름대로 음식이 자기 입맛에 맞지 않는다며 투정을 부릴 수밖에 없는 것이다.

아이들을 잘 키우고 싶다는 욕심에 모든 에너지를 쏟는 사람이 있다. 이 사람은 아이들을 보낼 수 있는 한 모든 학원에 두루 보낸다. 좀 더 많은 것을 가르치고 싶어 한다. 좋은 옷, 비싼 옷을 입힌다. 아이들이 성장하면 부모가 원하는 대학, 부모가 원하는 학과에 입학시키려 한다. 졸업을 하고 취업을 한다. 결혼을 한다. 집을 마련해주고, 차를 사주고, 혼수를 준비해준다. 자녀를 출가까지 또는 출가 후에도 온몸을 바쳐 지원한다. 등이 휘도록 말이다. 그리고 자녀에게 이렇게 말한다. "내가 널 위해 어떻게 살았는데!" 그런데 이때 자녀는 부모의 가슴에 총을 쏜다. "내가 언제 그렇게 해달라고 했어요? 내가 해달라는 것은 하나도 안 해줬잖아."

　연인관계, 부모자식 간, 부부 간 상처를 받으면 이런 이야기를 할 수
있다. "내가 얼마나 너한테 잘 해줬는데!" 잘했다는 것은 상대방의 입장
에서 '잘'이여야 한다. 받아들이는 사람의 입장에서 '잘' 해온 것이어
야, 진짜 '잘' 해왔던 것이다. 상대를 기쁘고 편안하게 해주고 싶은 마음
에서 '잘' 해왔다면, 당연히 상대의 기준에서 평가받아야 하는 것이 맞
다. 사랑은 상대를 얼마나 알고 있느냐로 가늠할 수 있다. 그렇기 위해
서는 자세히 보아야 한다. 오래 보아야 한다. 그래야 예쁘다. 그래야 사
랑스럽다. 당신 옆에 있는 그 사람을 얼마나 자세히 보았는가?

　몇 년 전에 케나다 몬트리올로 출장을 간 적이 있다. 해외를 나가면
누구나 그 곳에 명승지를 찾기 마련이다. 나는 노트르담 성당을 찾았다.
그 지역의 유명한 장소답게 많은 관광객이 붐비고 있었다. 나는 성당 이
곳저곳을 한참 구경하다 재미있는 사실을 발견했다.
　한 관광객이 좌석에 앉아 한 곳을 한참을 바라보다 좌석을 바꿔가며
다른 각도로 성당 내부를 관찰하고 있었다. 꽤 오랜 시간 성당 내부 이
곳저곳을 보며 관찰자의 자세를 유지하고 있었다. 그러더니 그 관광객
은 자리에서 일어나 벽 쪽으로 다가갔다. 스테인드글라스 앞에 서서 한
참을 바라보고 창 아래에 있는 촛불과 목조 조각상을 관찰하였다. 조그
마한 디지털 사진기로 중간 중간 조각상과 창들을 찍어가며 이곳저곳을
그렇게 관찰하는 사람이었다.

다른 관광객도 눈에 들어왔다. 이 관광객은 사람들을 동원해 자신을 찍기에만 바빠 보였다. 성당 내부는 단순한 배경에 지나지 않아 보였다. 이 사람의 목적은 성당을 배경으로 모델을 하러 온 듯 했다. 지금 두 관광객에게 노트르담 성당에 대해서 물어본다면 누가 더 감격스런 마음으로 이야기할 수 있을까? 답은 뻔하다. 자세히 봐야 한다.

돌멩이도 지렁이도 사랑할 수 있다면 어찌 사람을 사랑하지 못할까. 사랑은 앎이고 앎은 관찰로 얻을 수 있다.

연애하기는 두 가지로 구분할 수 있다. 사물과 연애하기, 사람과 연애하기.

사물과 연애하기 – 공원

종종 다녀간 경험이 있는 공원으로 간다. 여건이 좋지 않다면 회사 옥상이나 정문 앞에 있는 벤치도 좋다. 벤치에 앉아 눈을 감는다. 그리고 눈을 뜨면 펼쳐질 배경을 상상한다. 눈을 감고 머릿속에 가능한 생생하고 자세하게 모든 것을 그려본다. 나무 한 그루 풀 한 포기 꽃 한 송이까지 상상해본다. 이제 상상한 그림 위에 색을 입혀봅니다. 어떤가? 모든 장면이 생생하게 그려지는가? 색을 입힐 수 있는가? 매일 다녔던 회사의 옥상이다. 아이들과 거닐던 공원이다. 그런데 상상이 되지 않는다면 그동안 보고도 보지 않았다는 이야기이다. 이제 관찰자의 입장으로 풍경을 바라보라.

앞을 멀리 바라본다. 멀리 한 곳을 응시하고 계속 바라보기만 한다. 그리고 조금씩 시선을 옮긴다. 조금 전 눈을 감고 상상할 수 없었던 것들을 발견해야 한다. 발견된 새로운 풍경의 조각을 머릿속에 퍼즐로 맞추어 넣는다. 이렇게 한 조각 한 조각 풍경을 퍼즐 맞추듯 눈으로 넣어야 한다. 지금 당신의 눈은 파노라마 기능이 활성화된 최고급 디지털 사진기이다. 이제 눈을 감고 당신의 눈으로 찍은 풍경을 관찰한다. 기억속에 저장된 풍경이 생생한가? 이제 다시 눈을 뜬다. 그리고 처음 바라봤던 곳으로 시선을 옮긴다. 이제는 풍경을 가슴으로 넣을 차례이다.

멀리 있는 사물의 색이 당신의 눈으로 들어온다. 눈으로 들어온 풍경은 머릿속으로 들어간다. 그리고 점점 가슴으로 내려온다. 무언가를 느껴야 한다. 그 느낌이 다시 점점 위로 올라와 표정으로 바뀌어야 한다. '하, 좋다!' 하면서 미소를 보여도 좋다. 이런 미소가 보일 때 자연과 연애한다는 느낌이 들 수 있다. 이제는 가까운 곳으로 가 꽃을 관찰한다. 나무를 관찰한다. 돌을 관찰한다. 그리고 그 느낌을 가슴에 담는다. 그리고 꽃과 나무와 돌을 사랑해보라. 돌멩이까지 사랑한다면 얼마나 많은 것을 사랑할 수 있을까. 사람은 사랑받고 있을 때보다, 사랑하고 있을 때 더 행복하다.

사물과 연애하기 - 거리

사람의 행동반경은 의외로 단순하다. 매일 다니는 길로 회사를 다니고, 매일 가는 식당에 가서 음식을 주문하고, 퇴근 녘이면 매일 이용하는 대중교통으로 퇴근한다. 하지만 우리가 늘 지나다니는 골목에 대해서는 얼마가 알고 있을까? 지금 눈을 감고 골목을 상상해 보라. 모든 간판과 모든 집들의 모양이 생생한가?

출퇴근에 대중교통을 이용하는 이라면 평소보다 조금 일찍 길을 나서라. 그리고 걸으면서 사방을 둘러보라. 대충 보아서는 안 된다. 집집마다 창문의 모양, 가로수의 잎의 색, 간판의 모양과 글자, 담벼락의 모양과 무늬, 높이 등 모든 것들을 자세하게 보아야 한다. 관찰자의 입장으로 길을 거닐다 보면 보도블록 위에 이름 모를 풀이 올라와 있는 것을 발견할 수 있다. 휴대전화 카메라를 이용해서 사진을 찍어도 좋다. 하지만 더 좋은 방법은 눈을 사용하여 장면을 기억하는 것이다. 풀과 조그마한 꽃의 색, 모양, 바람을 타는 움직임에 대한 느낌을 기억해야 한다. 매일 다니는 길이라면 매일 매일 이런 자세로 길을 걸어야 한다. 이런 자세는 하루하루를 새롭게 만들어준다. 늘 같은 길을 걷고 있어도 새로운 느낌을 받을 수 있다. 오랜 시간 자세히 보다보면 어느덧 그 골목길을 사랑한다는 느낌이 든다. 하루하루 새롭게, 하루하루 다른 느낌으로.

사람과 연애하기 – 보통 사람들

어느 장소든 사람이 있는 곳이면 된다. 편한 자세를 유지한다. 주위 사람들을 바라본다. 아무나 한 사람을 선택한다. 그 사람의 자세와 표정을 관찰한다. 어떤 자세로 있는지, 어떤 표정을 보이고 있는지 모두 관찰한다. 유심히 보아야 한다. 그 사람의 행동과 표정이 눈을 거쳐 가슴으로 들어와야 한다. 가슴으로 들어온 그 사람의 표정이 느껴지는가? 그 사람이 웃고 있다면 당신 표정에도 웃음이 보여야 하며, 그 사람이 인상을 쓰고 있다면 당신 표정도 상기되어야 한다. 연인들이 보이는가? 그렇다면 당신도 간질거리는 느낌이 들어야 한다. 강아지가 뛰어놀고 아이들이 뛰어 노는 모습을 바라보라. 그리고 그 느낌을 표정으로 말해 보라. 가슴에 느낌이 담겨야 표정으로 나올 수 있다. 그리고 표정으로 나와야만 진정한 당신의 경험이 된다. 누구도 경험하지 않은 당신만의 것.

표정을 통해 상대와 소통하는 이런 능력을 '공감능력'이라 부른다. 공감능력은 누구에게나 있지만 누구나 활성화되어 있지는 않다. TV나 영화를 통해 공감능력을 훈련해도 좋다.

사람과 연애하기 – 연인, 부부

평소와 다르지 않게 상대를 만난다. 공원으로 간다. 상대가 어떤 행동을 하는지 자세하게 관찰한다. 걸음걸이는 어떤지, 손 모양은 어떻게 하고 있는지, 표정은 어떤지 모든 것을 관찰한다. 꼭 눈으로 볼 필요는 없다. 손을 잡고 있다면 손으로 전해지는 느낌을 통해 관찰한다. 손에 땀이 많다면 상대의 표정을 확인해 보라. 땀이 나지 않을 때와 무언가 다른 몸짓과 표정이 보일 것이다. 이야기를 하고 있다면 그 사람의 말을 귀로 관찰하라. 목소리의 음성, 어감, 내용 등. 귀를 통해 관찰하다 보면 상대의 마음도 보일 것이다. 관찰해야만 보인다. 그리고 마음이 읽힌다면 이렇게 말해 보라. "지금 당신 이런 심정일 것 같아." 그럼 상대는 당신을 벗어날 수 없다. 사람은 자신의 마음을 읽어 주는 사람에게 모든 것을 던지기 마련이다.

커피숍에 있을 때도 마찬가지이다. 상대가 문을 어떻게 여는지, 당기는지 미는지, '당기시오'라고 쓰여 있는데 밀고 들어가는지, 주문할 때 말투는 어떤지, 주문할 때와 나와 대화하는 어감이 어떻게 다른지, 주문받는 사람에게 보이는 표정과 나에게 보이는 표정이 어떻게 다른지, 설탕을 넣을 때 손 모양과 설탕 봉지는 어떻게 처리하는지 모든 것을 관찰한다. 차를 마시고 컵 모양은 어떻게 놓는지, 테이블 선과 각을 맞추는지 그렇지 않은지, 대화를 나눌 때 어감은 어떤지, 대화내용은 어떤 내용인지, 팔은 어떤 모양을 유지하고 있는지, 이야기할 때와 듣고 있을 때 몸의 모양은 어떤지 자세히 보다보면 상대의 마음이 읽힌다. 상대를 읽어야만 한다. 그래야 사랑이다.

부부 사이에 특히 중요한 것이 잠자리다. 잠자리 또한 상대를 관찰해야 한다. 최대한 관찰한다는 자세로 잠자리에 든다. 상대의 머리카락을 쓸어 넘기며 손끝으로 상대의 머릿결을 느낀다. 상대의 눈빛을 바라보라. 상대의 눈빛이 당신의 눈을 통해 가슴으로 들어와야 한다. 눈빛의 떨림과 양 볼이 홍조를 띠며 말하는 메시지를 자세하게 읽는다. 상대의 피부에 난 작은 점 하나까지 관찰한다. 자세히 보면 예쁘다. 작은 솜털 한 가닥의 흔들림까지 보라. 땀구멍에 땀이 송골송골 올라오는 모습을 보라. 자세히 보면 예쁘다. 그리고 상대의 눈빛을 다시 한 번 바라보라.
섹스는 성기로 하는 것이 아니라 눈과 가슴으로 하는 것이다. 서두르지 않고 상대의 눈을 보면서 호흡한다. 나의 한 번의 움직임과 상대의 한 번의 흔들림을 관찰한다. 그리고 관찰된 그 느낌을 가슴으로 느낀다. 나의 몸짓에 반응하는 상대의 표정, 호흡, 피부의 작은 떨림 모두를 관찰한다는 자세로 잠자리에 임해야 한다. 이런 자세로 배우자를 읽으면 호흡을 맞출 수 있다. 숨 쉬는 속도를 맞출 수 있다. 호흡이 맞으면 배우자와 함께 노를 저어가며 강을 거슬러 올라가는 느낌을 가질 수 있다. 호흡이 맞아야 환상적인 팀워크이다. 그래야 좋다. 잠자리도 마찬가지다. 상대를 자세히 느끼지 않고서 호흡을 맞추기란 불가능하다. 피부와 귀와 눈, 입술, 코 모든 오감을 동원해서 상내를 관찰해야 함께 노를 저을 수 있다.

사람과 연애하기 – 자녀

2011년 12월 20일. 대구에 한 중학생이 왕따를 견디다 못해 자살을 한 충격적인 사건이 발생했다. 그 학생이 쓴 유서의 일부이다.

"오늘은 12월 19일, 그 녀석들은 저에게 라디오를 들게 해서 무릎을 꿇리고 벌을 세웠어요. 그리고 5시 20분쯤 그 녀석들은 저를 피아노 의자에 엎드려 놓고 손을 봉쇄한 다음 무차별적으로 저를 구타했어요. 제 몸에 칼등을 새기려고 했을 때 실패하자 제 오른쪽 팔에 불을 붙이려고 했어요. 그리고 할머니 칠순 잔치 사진을 보고 우리 가족들을 욕했어요. 참아보려 했는데 그럴 수가 없었어요. 걔들이 나가고 난 뒤, 저는 제 자

신이 비통했어요. (중략)

12월 19일, 전 엄마한테 무지하게 혼났어요. 저로서는 억울했지만 엄마를 원망하지는 않았어요. 그리고 그 녀석들은 그날 짜증난다며 제 영어 자습서를 찢고 3학년 때 수업하지 말라고 XXX은 한문, XXX는 수학책을 가져갔어요. 그리고 그 날 제 라디오 선을 뽑아 제 목에 묶고 끌로 다니면서 떨어진 부스러기를 주워 먹으라 하였고, 5시 20분쯤부터는 아까 한 이야기와 똑같아요.

저는 정말 엄마한테 죄송해서 자살도 하지 않았어요. 어제(12월 19일) 혼날 때의 엄마의 모습은 절 혼내고 계셨지만 (중략)"

저는 매일매일 가족들 몰래 제 몸에 수많은 멍들을 보면서 한탄했어요. (후략)"

12월 19일. 과거 전쟁포로에게나 있을 법한 일이 한 중학생에게 벌어졌다. 아이의 몸에는 수많은 멍들이 있었고, 집은 난장판이었을 것은 보지 않아도 알 만한 사실이다. 다음날 아이는 넘지 말아야 할 강을 건넌다.

자녀 사랑 또한 자세히 보는 것으로 시작한다.

사랑은 자세히 보는 것으로 시작한다.

이곳 어딘가에 있을
네잎클로버를 무심히 지나치며
우리는 주위에 행운이 없다고 한다.
관심과 행운은 다른 말 같은 의미다.

우리는 '나만의 것'을 느끼기 위해 멀리 떠나는 행동을 여행이라고 한다

연애하기
4

내 것을
만들어 보세요

사람들은 영화를 왜 볼까? 나의 결론은 '재미로 본다'이다. 관객 각자가 특정한 영화를 찾은 이유야 어찌되었건, 재미를 줄 수 없다면 관객은 그 영화에 등을 돌린다. 그렇다면 재미란 무엇일까? 이 질문에 앞서 가장 재미있게 살고 있는 연령대를 언급하겠다. 아이들이다.

아이들이 기기 시작하면 뭐가 그렇게 재밌는지 항상 재미있다. 자신의 의지로 집안 이곳저곳을 돌아다닐 때가 되면 그렇게 뒤지고 다닌다. 방에 들어가서는 서랍이며 옷장을 열어본다. 열어보는 것만으로 끝나면 좋으련만 옷들이며 생활도구며 서랍장 안에 있는 것을 다 뒤집어 놓기 일쑤다. 그리고 엄마들은 정리하느라 힘들어 죽겠는데 아이들은 뭐가 그리 즐거운지 깔깔거리며 웃는다. 부엌으로 가서는 찬장을 열어본다.

그리고 냄비를 뒤집어 놓고 그 소리에 자기가 놀라 울기도 한다. 그리곤 언제 그랬냐는 듯 금세 깔깔거리며 다시 뒤지러 다닌다. 잠시만 한눈을 팔면 화장실에도 들어간다. 변기를 신기한 듯 들여다보고 그 안에 머리도 넣어 본다. 샤워기를 틀어서 물을 흠뻑 뒤집어쓰고는 놀라서 소리를 지른다. 어떤 경우에는 물을 뒤집어쓰는 일을 즐기기도 한다. 그리곤 깔깔거리며 좋아한다. 왜 그러는 걸까? 모든 것이 새로워서 그렇다. 새로운 느낌을 받아서이다. 이것이 재밌는 일이다. 그렇다면 성인의 경우는 어떨까?

'가장 재미없는 사람이 누굴까?' 라고 생각해보면 전업주부를 떠올리게 된다. 매일 반복되는 일상에 집안에서 꼼짝도 못한다. 공허하다. 그래서 아이들이 어느 정도 자신의 앞가림을 한다고 판단이 서면 배움을 선택한다. 음악을 배운다든지, 미술을 배운다든지, 꽃꽂이를 배운다든지, 어떤 사람은 일을 선택하는 경우도 있다. 일을 선택하는 이유에 경제적인 문제를 들기도 하지만 대부분은 핑계이다. 일로써 얻어지는 새로운 느낌인 '나만의 것' 으로 만들기 위함이다.

직장인들도 마찬가지다. 매일 쳇바퀴처럼 도는 일상이 평범하게 느껴진다. 분명히 입사했을 당시의 느낌은 설레고 흥분되었는데 그렇지 않은 시기가 찾아 온다. 공허하다. 이때 직장인들은 떠나고 싶어 한다. 그것도 멀리. 우리는 '나만의 것' 을 느끼기 위해 멀리 떠나는 행동을 여행이라고 한다.

밤 문화가 점점 자극적으로 변하는 이유도 이와 같은 맥락이다. 늘 먹던 술은 뭔가 익숙하게 느껴진다. 그래서 노래를 부를 수 있는 술집을 찾는다. 그런 술집이 익숙해지면 여성과 함께 노래를 부르는 술집을 찾는다. 재미의 방향이 다른 것이 문제이지 본질적으로 새로운 느낌을 원한다는 것은 동일하다.

일중독에 빠진 사람들도 같은 맥락으로 볼 수 있다. 일중독에 빠진 사람들은 모든 중독 증상과 동일한 형태를 보인다. 알코올에 중독된 사람들이 더 자극적인 술집을 찾듯, 일중독에 빠진 사람들은 좀 더 자극적인 업무를 찾는다. 일거리가 떨어지면 금단현상이 나타난다. 공허해지고 멍한 느낌이 들며 초조해진다. 그래서 프로젝트가 내려오기 전에 먼저 프로젝트를 만들기도 한다. 그리고 마무리가 되면 좀 더 자극적이고 나만의 느낌을 얻을 수 있는 프로젝트를 찾아 나선다.

애나 어른이나 추구하는 '재미'란, 새로운 것을 발견하고 그 안에서 새로운 느낌을 얻는 행동이다. 그래서 그 새로운 느낌을 '나만의 것'이라 한다. "재미있었던 기억이 언제입니까?"라고 물으면 일중독에 빠진 사람들은 '일 이야기', 알코올중독에 빠진 사람들은 '룸살롱 이야기'만 한다. 그 사람들에게 '나만의 것'은 일 또는 술밖에 없어서 그렇다.

남자들의 경우 몇몇이 모이면 무용담을 하는 친구들이 있다. 업무적으로 성공한 이야기, 상급자에게 깨진 이야기, 학창시절 선생님께 혼난 이야기, 그리고 꼭 빠지지 않는 연애 이야기. 그 내용에 허구가 들어갔는지 안 들어갔는지는 모르지만 자기가 직접 한 일이라는데 어쩌겠는 가. 그런데 재미있다. 그래서 들어준다.

주위 사람들과 대화를 나누다보면 재미있는 사람과 재미없는 사람을 만나게 된다. 이들의 가장 큰 차이는 '생동감'이다. 재미에 있어 유머는 생동감과 다르다. 유머는 일종의 기술이지만 생동감은 경험이며 기억이 다. 경험과 기억은 '나만의 것'이다. 의학과 같이 어려운 주제를 가지고 이야기를 하더라도 수술이나 MRI 검사를 경험한 사람은 그 과정에 대 해 실감나게 이야기할 수 있을 것이다. 그런데 비전문가이면서 자신이 전문가인 척 또는 자신이 경험한 척을 하게 되면 전혀 재미가 없다. '나 만의 것'이 없으니 생동감이 떨어진다. 어떤 대화를 나누든 재미없는 사 람은 '나만의 것'이 별로 없는 사람이다.

'나만의 것'을 기억함은 곧 삶의 풍성함이다. 부자는 그냥 부자가 되 는 것이 아니다. 통장에 돈을 차곡차곡 모으는 과정이 있어야 부자가 된 다. 풍성한 삶이 그냥 풍성하게 되는 것은 아니다. 가슴을 설레게 한 '나 만의 것'을 뇌의 일부에 차곡차곡 모으는 과정이 있어야 풍성한 삶이 된 다. 부자들이 통장을 들여다보고 쌓여있는 돈을 보고 흐뭇해하듯, '나만 의 것'이 많이 쌓여 있어야 만족스러운 삶을 만들 수 있다.

지금 당장 일을 하지 않으면서 부자를 꿈꾸는 것은 공상이다. 지금 당 장 이 순간을 '나만의 것'으로 만들지 않으면서 풍성한 삶을 꿈꾸는 것 또한 공상에 지나지 않는다. 아직 오지도 않은 미래를 보고 만족을 얻는다는 것은 망상에 지나지 않는다. 다양한 '나만의 것'을 많이 기억해야 한다.

그런데 자신이 경험한 일을 모두 기억할 수 있는가? 초등학교부터 대학교 4년까지 학창시절의 모든 경험을 기억하는 사람은 드물다. 하지만 상을 받거나 첫 키스와 같은 기분 좋은 일과, 선생님께 혼이 났거나 동네에서 불량배를 만난 불안한 경험 또한 생생히 기억한다. 일을 하며 좋은 성과를 낸 시점은 기억이 뚜렷하다. 그런데 이런 저런 일상들은 잘 기억나지 않는다. 반대로 업무 성과가 좋지 않아 매우 불안하거나 수치스러웠던 일 또한 생생하게 기억난다. 불안했던 경험은 잊어버리고 싶은데 말이다.

상당한 주의집중이 필요한 운전을 예로 들어보겠다. 운전을 하다 생각이 많아지면 지나온 길에 터널이 있었는지, 산이 있었는지, 또는 아차 하는 순간에 속도위반 단속 카메라를 보지 못해 적발되는 경우도 있다. 그렇다면 기억나는 일과 기억나지 않는 일의 차이를 구분할 수 있을 것이다. 인상 깊거나 몸이 반응할 정도의 일-긍정적이든 부정적이든-은 기억이 난다. 그러나 운전 중에 집중을 하면 스쳐지나간 사물은 잘 기억나지 않는다.

기억할 수 있다는 의미는 당시 사건에 얼마나 시선이 집중해 있느냐고 설명할 수 있다. 이렇게 기억된 경험과 느낌을 '나만의 것'이라고 한다. '나만의 것'이 많을 때 생동감 있는 사람이 되며, 삶이 재미있어진다. 그리고 '나만의 것'을 많이 넣을 곳은 통장이 아니라 기억 속이다.

하지만 그냥 관찰한다고 모두 '나만의 것'이 되는 것은 아니다.

　첫 번째 조건은 집중이다. 물론 나도 그랬고, 또 많은 남성들은 '터미네이터 2'(1991, 제임스 캐머런 감독)를 본 후 한 번씩은 터미네이터의 총 쏘는 장면이나 엄지손가락을 높이 치켜드는 장면을 따라했을 것이다. 이런 장면들의 대부분은 사람들이 눈을 떼지 못하게 하는 연출력을 바탕으로 하기도 했지만, 관객이 집중해서 봤기 때문이다. 관객은 순간 터미네이터로 빙의하였으며, 그 장면은 평생토록 기억되는 것이다. '나만의 것'이 된 셈이다. '범죄와의 전쟁'(2012, 윤종빈 감독)과 같이 조폭과 사기꾼이 나오는 영화를 단순히 즐기면 '재미가 있다. 또는 없다'의 이분법적 평가만 나올 수 있지만, 집중해서 본다면 일상의 다양한 부조리를 느낄 수가 있다. 영화는 다양한 세상을 상세하게 보여준다. 영화를 집중해서 본다면 여러 현장의 다양한 사람들의 경험을 '나만의 것'으로 만들 수 있다. 집중해야 무언가를 느낄 수 있으며, 무언가를 느껴야 '나만의 것'이 만들어지고, '나만의 것'이 많아야 삶이 풍성해진다.

　집중이 가능하다면, '배우와의 공감'이 필요하다. 이때, 쉬운 영화부터 선택하는 것이 좋다. 아이를 둔 아빠들의 경우에는 '니모를 찾아서'(2003, 앤드류 스탠튼 감독)를 권한다. 엄마들에게는 '마당을 나온 암탉'(2011, 오성윤 감독)을 권한다. 어느 영화나 주연은 존재한다. '니모를 찾아서'를 볼 경우에는 니모, 말린, 도리가 주연이며, 숨은 주연 길이 있다. '마당을 나온 암탉'의 경우에는 잎싹, 초록, 숨어있는 주연 애꾸눈이 있다. 영화에서 나타나는 이 배우들의 입장은 모두 다르다. 니모는 잡혀간 아들이고, 말린은 그의 아빠이며, 길은 수족관에서 탈출을 원하는 물고기다. 이제 그 각자의 배우가 되어보라. 그래서 이들의 경험을 내 것으로 만드는 것이다.

영화를 시청하기 전, 어떤 입장에서 영화를 볼지 먼저 결정한다. 그리고 영화가 시작하면 결정한 배우로 빙의한다. 그 배우의 시각에서 영화를 본다. 영화가 시작하되 당신은 결정한 그 배우로 빙의되는 것이다. 최대한 집중해보라. 대사 하나하나까지 집중해야 그 배우의 마음이 읽힌다. 영화가 끝나기 전까지 긴장을 풀지 말고 결정한 배우로 상대배우를 바라보라. 이런 방법을 통해 영화를 한 번 보았다면 이제 다른 배우로 빙의해 보라. '마당을 나온 암탉'을 볼 경우에는 최소 잎싹, 초록으로 빙의해서 두 번은 보아야 한다. 출연자가 바라보는 세상을 가슴으로 밀어 넣어라. 그리고 그때마다 느껴지는 다른 무언가가 있어야 한다. 가슴 속에서 꿈틀거리며 몸의 일부를 반응하게 하는 느낌을 우리는 '감동'이라고 말한다. 그리고 그 감동이 바로 '나만의 것'이 된다.

사람의 의식과 무의식이 표출되는 방법은 행동이다. 그리고 이 행동은 각자의 삶을 만들어 나간다. 영화의 또 다른 매력은 다양한 사람의 행동을 볼 수 있다는 점이다. 영화는 모두 리얼리티를 기본으로 한다. 영화를 보다 보면 종종 섬뜩할 정도로 등장인물의 성격이 교과서적으로 정확하게 표현되기도 한다. '저런 성격의 사람은 앞으로 저렇게 행동할 거야.' 라고 생각하면 분명히 그렇게 행동한다. 나의 능력이 뛰어난 것이 아니라 연출자와 작가가 등장인물의 성격을 교과서적으로 그렸고, 배우가 훌륭하게 성격별 특징을 잘 살린 덕분이다. 영화의 리얼리티는 뒷목에 소름을 돋게 한다.

기혼자 모두에게는, 주부들에게 한 때 불륜을 꿈꾸게 한 '매디슨 카운티의 다리' (1995, 클린트 이스트우드 감독)를 권한다. 이 영화 또한 리얼리티가 기반이다. 기혼 남성의 경우엔 '매디슨 카운티의 다리' 를 보며 철저하게 프란체스카의 입장이 되어야 한다. 여성의 경우엔 남편인 리차드가 되어야 한다. 출연자가 모두 다른 사람이고 다른 시각을 가지고 있다. 그 다른 시각을 느껴야 한다. 여성이라고 프란체스카의 입장만 되어서는 재미없는 삶이다. 그리고 한 때 클린트 이스트우드를 통해 불륜을 대리만족했거나 단순한 불륜 영화로 치부한 자세에 치졸함을 느낄 수 있어야 한다.

사람을 느껴보라. 행복한 사람이 어떻게 사는지, 불행한 사람은 어떻게 행동하는지, 행복한 사람의 가치관과 불행한 사람의 가치관을 바라보라. 프란체스카가 왜 선을 넘어야만 했는지 느껴보라. 사람이 얼마나 다양한지 느껴보라. 아내가 남편이 되고 남편이 아내가 될 수는 없지만 배우와의 공감을 통해 상대방의 입장을 느낄 수 있다. 이처럼 새로운 느낌을 위해 먼 나라로 여행을 떠나는 것도 좋지만, 가까운 극장에서도 '나만의 것' 을 충분하게 얻을 수 있다. 비용대비 효과는 최고이다.

영화를 통해 타인의 경험을 내 것으로 만들 수 있습니다.

죽는 날까지 하늘을 우러러
한 점 부끄럼이 없기를,
잎새에 이는 바람에도
나는 괴로워했다.
별을 노래하는 마음으로
모든 죽어가는 것을 사랑해야지.
그리고 나한테 주어진 길을
걸어가야겠다.

오늘밤에도 별이 바람에 스치운다.

윤동주님의 '서시' 이다.

나는 미혼 여성들에게 연애를 하려거든
윤동주 님과 같은 분을 만나라고 한다.
잎새에 이는 바람에도 괴로워할 만큼
공감능력을 지닌 남자인데, 어찌 내 여
자를 품지 못하겠는가.

상상력은 실행력과 비례한다

내 몸을
조종하세요

인간의 뇌는 3층으로 되어 있다. 가장 안쪽의 뇌는 호흡, 심장박동, 혈압조절 등을 하는 생명의 뇌이다. 이 뇌가 다치게 되면 인간은 생명을 잃는다. 그 위에 위치한 뇌는 감정과 기억, 호르몬을 담당하는 뇌이다. 사건을 기억하는 해마와 감정을 기억하는 편도체가 이곳에 위치해 있다. 이 뇌는 포유류에만 존재하는 뇌이다. 가장 바깥쪽의 뇌는 대뇌피질부가 있는 전뇌이다. 이성을 담당하는 뇌로써 인간에게만 존재한다. 인간의 능력은 이성의 뇌인 대뇌피질부가 활성화되어야 향상된다.

뇌 세포는 뉴런(신경세포)과 시냅스(한 뉴런의 축삭돌기 말단과 다음 뉴런의 수상돌기 사이의 연접 부위)가 연결된 회로망으로 구성되어 있다. 신체의 감각 기관에서 수집된 정보(오감)는 척수, 뇌줄기, 시상으로 들어와 일차적인 분석이 이루어진다. 일차적 분석이 된 정보는 대뇌피질로 전해져 최종 판단이 이루어진다. 최종 판단된 정보는 다시 역방향으로 이동하여 인간의 신체를 움직이게 된다. 누군가 자신에게 공을 던지면 날아오는 공을 시각정보로 입력하여 최종적으로 대뇌피질에서 '피해야 한다'는 판단을 한다. 그리고 몸을 돌려 공을 피하는 것이다. 최종 판단된 정보는 뇌에서 뉴런과 시냅스의 회로를 구성한다. 이렇게 구성된 회로가 기억이다. 또다시 이와 유사하게 날아오는 물체를 보면 피해야 하기 때문이다.

경험에 대한 정보에 따라 뇌의 회로망(기억)이 바뀐다. 사탕을 먹고 달콤한 기억이 있다면, 사탕을 보게 되면 또 먹고 싶을 것이다. 중요한 프로젝트를 성공적으로 마쳐 기분 좋은 기억이 있다면, 그와 유사한 프로젝트를 또 하고 싶다는 욕구를 만들어낸다. 반대로 실패해서 큰 피해를 입은 기억이 있다면 다시는 그와 유사한 일은 하고 싶지 않을 수도 있다. 몸으로 겪은 감정이 뇌의 회로를 바꾼 결과이다.

좋은 경험들은 인간의 CPU 회로를 긍정적으로 변경한다. 나쁜 경험들은 인간의 CPU 회로를 부정적으로 변경한다. 어린 시절부터 타인에게 공격을 많이 받은 사람은 타인을 잘 믿질 못한다. 상대를 시험한다. 간을 본다. 또는 착취하는 경우도 있다. 자신이 착취당할 것이라 여겨 먼저 착취하는 것이다. 가난한 집에서 자라 부에 대한 심한 열등감이 있는 사람은 돈에 쩔쩔매는 짠돌이가 될 수도 있다. 또는 반대로 돈을 펑 펑 쓰고 다니는 낭비벽이 생길 수도 있다. 모두 과거의 경험이 그의 뇌 구조를 바꿔놓은 결과이다. 과거의 경험이 현재를 만들었으며, 현재의 경험이 미래를 만들 것이다. 따라서 미래를 긍정적으로 바꾸기 위해서는 현재 좋은 경험을 많이 해야 한다. 정보를 최초로 입력하는 오감을 활용해서 말이다. 하지만 당장 좋은 경험을 할 수 없을 경우에는 어떻게 해야 할까? 상상이다.

상상은 대뇌피질이 있는 인간만이 할 수 있다. 상상력을 통해 인간은 세상을 지배해왔다. 도구는 원숭이와 같이 손이 자유로운 동물도 사용한다. 하지만 인간만이 상상력을 토대로 도구를 만들었다. 상상력은 인간 최고의 무기이다. 그리고 상상력은 자신도 지배한다.

아래의 표는 EBS 다큐프라임 '상상을 따지다 3(2008)'에서 연구한 '상상력에 따른 아동발달 심리연구(연구기관 – 서울대 심리학과 곽금주 교수팀)' 결과이다. 상상력 상위 20%에 해당하는 아동이 호기심, 모험심, 도전, 인내에서 모두 우수한 점수를 나타내고 있다. 상상력은 실행력과 비례한다.

〈상상력에 따른 아동발달 심리연구〉

구 분	상위 20%	일 반
호기심	15.85	13.67
모험심	5.35	3.92
내적동기(도전)	20	17.16
인 내	15.88	14.24

인간이 상상을 할 때 활성화되는 뇌를 확인하기 위해 fMRI를 통해 확인하면 시각을 담당하는 뇌 부분이 활성화된다는 것을 알 수 있다. 상상만 하더라도 보는 것과 같은 효과를 낸다는 의미이다. 상상을 통해 만들어진 시각 정보는 뇌의 회로망을 변경할 것이다. 운동선수들을 대상으로 실제 운동할 때와 상상으로 운동을 할 때를 비교해서 근전도 테스트를 해보면 실제 운동과 상상만으로 운동을 할 때의 근전도가 매우 유사하게 나타나는 것을 알 수 있다. 상상만으로 근육을 조종하는 뇌의 회로망을 바꿀 수 있기 때문이다.

실험을 한 가지 해보자. 눈을 감는다. 심호흡을 크게 세 번 한다. 한 번, 두 번, 세 번. 그리고 편하게 호흡을 한다. 눈을 감은 상태로 상상을 한다. 눈앞에 노란 레몬이 있다. 아주 신 레몬이다. 손으로 레몬 껍질을 깐다. 천천히 껍질을 깐다. 그리고 입에 가져간다. 크게 한 입 베어 문다. 레몬을 꼭꼭 씹는다. 씹는 모습을 계속 상상한다. 어떤가? 입에 침이 고이지 않는가? 상상만으로도 몸을 조종하는 CPU 회로를 바꿀 수 있는 것이다.

대중가요이든 해외 팝송이든 클래식 음악이든 사랑받는 음악에는 공통점이 있다. 첫째, 몸을 움직이게 한다는 점이다. 대표적인 음악이 '록'과 요즘 유행하고 있는 '후크송'이다. 물론 클래식 음악 또한 몸을 움직인다. 둘째, 마음을 움직이게 한다. 마음을 움직이는 가장 대표적인 음악이 발라드이다. 배경음악으로 사람들의 몸을 가라앉히고 가사를 통해 떠나간 사랑과 아픔을 떠올리게 한다. 사람들은 헤어진 사랑을 떠올리며 눈물을 흘린다.

그렇다면 가사를 이해할 수 없는 해외 팝송 중에서 우리나라에서 오랜 시간 사랑받고 있는 음악들은 어떻게 설명해야 할까? 그 나라 언어에 능통하지 않은 이상 가사를 이해할 수 없는 데 말이다. 클래식 음악에는 대부분 가사가 없다. 오페라 곡의 경우에도 가사를 전부 알아듣긴 어렵다. 그런데 우리는 감동을 받는다. 우리가 감동받는 음악은 바로 머릿속에서 그림이 그려지기 때문이다.

빌리 조엘(Billy Joel)의 '피아노 맨(Piano Man)'을 듣고 있으면 술집에서 피아노를 연주하며 사람들에게 인사하는 모습이 그려진다. 사라사테(Sarasate)의 '찌고이네르바이젠(Zigeunerweisen)'을 듣고 있으면 집시여성이 눈물을 뚝뚝 떨어트리며 길을 걷는 모습이 그려진다. 물론 사람들마다 그려지는 형상은 모두 다를 것이다. 하지만 그림은 그려진다. 그리고 그 그림이 가슴속에 들어오면 '감동'이라는 단어가 입 밖으로 나오게 되며, 미소로 때로는 눈물로 표현되기도 한다. 사람들에게 오랜 사랑을 받는 음악은 머릿속에 그림을 그려 마음을 움직이게 한다. 마음은 행동으로 나타난다.

인간만이 음악을 만들 수 있지만, 인간만이 음악을 듣는 것은 아니다. 듣는 것은 동물도 할 수 있다. 소나 돼지를 기르는 축사에 가도 음악이 들리곤 한다. 고추나 토마토를 기르는 농장에도 음악을 틀어 놓는다. 하지만 인간만이 음악을 들으며 상상할 수 있다. 그런데 음악을 들으면서 다양한 상상을 하지 못하는 사람이 있다. 시를 읽을 때도 맞춤법을 따지며 작가의 시대적 배경부터 따지는 사람이다.

모든 인간은 상상할 수 있지만 모든 인간이 긍정적이고 아름다운 상상을 하는 것은 아니다. 직장에서 사업발표를 하며 큰 창피를 당한 사람은 또다시 발표를 할 때 긴장되는 것이 당연하다. 창피를 당한 경험이 있기 때문이다. 인간이 모든 상황에서 긍정적인 상상을 한다는 것은 무리다. 하지만 상상할 수 있는 환경을 만들기만 하면 된다. 음악을 통해서 말이다. 인간은 음악을 볼 수 있다.

1. 우울할 때

우리는 의지와 관계없이 우울감이 쌓이는 경우를 겪곤 한다. 중요한 업무나 미팅을 망쳤을 때, 누군가에게 핀잔을 들었을 때, 기계적인 활동으로 무기력해질 때 등 이런 기분은 빨리 벗어나야 한다. 하지만 마음대로 움직이지 않는 것이 마음이다. 벗어나자라고 마음먹어도 벗어나기가 쉽지 않다. 그래서 우울할 때 발라드나 절망적 느낌의 클래식을 통해 우울감을 해소하려는 사람이 있다. 사람은 자신의 마음과 비슷한 외부 환경을 만나면 마음이 편해진다. "그래, 남들도 이러니까, 나도 정상일 거야"라고 여기는 동질감을 얻는다. 그래서 우울한 사람은 방안을 어둡게 하거나, 칙칙한 술집을 찾거나, 헤어짐을 노래하는 발라드, 헤어짐과 죽음을 다룬 영화를 찾는다. 하지만 좋은 방법은 아니다. 이런 방법은 우울을 습관화한다.

우울은 감기 바이러스와 같다. 감기에 걸리면 약을 먹는다. 또는 땀을 빼는 행동으로 바이러스를 몸 밖으로 쫓아낸다. 우울 바이러스도 이와 같은 방법으로 몸 밖으로 쫓아내야 한다. 우울한 음악과 환경으로 우울의 어색함을 잊으려 하는 행동은 감기 바이러스를 원래 자신의 일부로 여기려는 행동과 같다. 우울 바이러스를 쫓아내라.

편안한 분위기를 만든다. 소파에 기대거나 침대 위에 편하게 눕는다. 조금은 말랑말랑한 음악을 튼다. 가요도 좋고 클래식도 좋다. 나의 경우에는 무도곡을 선택한다. 요한 슈트라우스 2세의 '봄의 소리 왈츠'나 '아름답고 푸른 다뉴브'를 듣는다. 그리고 음악이 주는 좋은 상상을 바라본다. 그림 속에서는 넓은 카페가 등장한다. 좋은 커피향도 느껴진다. 아름다운 여인이 등장한다. 그 여인의 손을 잡고 허리를 감싸 안는다. 카페 안에서 음악에 맞춰 빙글빙글 춤을 춘다. 카페의 테라스에서 함께 차를 마시기도 한다. 함께 웃는다. 기분 좋은 음악 속에서 기분 좋은 그림을 본다. 기분도 좋아진다. 우울 바이러스를 몸 밖으로 쫓아낸다. 우울은 원래 내 것이 아니었으니까.

2. 불안감이 들 때

업무발표와 같이 프레젠테이션을 하는 자리다. 많은 사람들이 자신을 바라보고 있는 생각이 든다. 긴장된다. 혹시나 실수를 하면 어쩌나 하는 생각이 들기도 한다. 손발에 땀이 난다. 자신의 실수로 프레젠테이션을 망치는 상상을 하면 허리에 힘이 빠진다. 영업사원이 거래처를 설득하기 위한 자리에 나간다. 상대가 곤란한 질문을 할 생각을 하면 어깨에 힘이 빠진다. 웃어보려고 하지만 얼굴에 힘이 들어간다. 상대가 매몰차게 자신을 거절한다는 생각을 하면 무릎에 힘이 빠진다. 이런 자리에 임하기 전에도 상상이 좋은 방법이다.

대한민국 수영을 대표하는 박태환 선수는 시합 전 음악을 듣는 것으로 유명하다. 박태환 선수뿐만이 아니다. 미국 수영선수 나타리 코그린은 방수가 되는 헤드폰을 사용해 물속에서도 음악을 듣는다. 단 한 번의 기회로 승패가 결정되는 운동선수들에게 마인드 컨트롤은 매우 중요하다. 수영선수들이 시합 전 음악을 듣는 이유도 마인드 컨트롤을 위한 방법이다.

운동선수가 아니더라도 마인드 컨트롤이 필요한 순간이 있다. 시험, 프레젠테이션, 업무 미팅 등. 그 순간마다 당신이 상상하는 성공적인 분위기가 있을 것이다. 그렇다면 성공적인 상황과 유사한 분위기의 음악을 전략적으로 선택한다. 상상을 해야 하기 때문에 가사가 없는 음악이 좋다. 장소에 나서기 전 선택한 음악을 듣는다. 그리고 당신이 생각하는 성공적인 상황을 머릿속으로 그린다. 영화를 찍는다는 느낌으로 상상한 장면을 촬영한다.

프레젠테이션이다. 준비를 한다. 연단으로 올라간다. 연단에 선다. 원고를 정리한다. 청중을 바라본다. 청중이 자신을 주목한다. 인사를 하고 준비한 인사말을 여유롭게 전한다. 자신의 표정, 청중의 표정 하나하나까지 촬영해야 한다. 프레젠테이션을 시작한다. 슬라이드가 한 장씩 넘겨지고 있다. 당신은 화면마다 준비한 원고를 자신 있게 읽어나간다. 청중은 당신이 말할 때마다 진지하게 또 때로는 웃어가며 스크린과 당신을 바라본다. 프레젠테이션을 모두 마쳤다. 인사를 한다. 원고를 다시 정리한다. 당당하게 연단을 내려온다. 당신의 등 뒤로는 승리자의 여유가 보인다.

준비한 음악을 들어가며 이렇게 상상한 장면을 촬영한다. 그리고 이와 비슷한 상황이 다시 찾아왔을 때도 준비했던 그 음악을 들으면 그때 보았던 그 느낌이 다시 떠오르게 된다. 이제 상상을 실행에 옮기는 일만 남았다.

불면증으로 고생을 한다면
J.S. Bach의 Goldberg Variations를 들으며
엄마 품에 포근히 안겨있는 자신을 상상해 보세요.

편안해야 심장박동이 느려지고 오래 산다

편안함을
느껴 보세요

평소 걸음이 상당히 빠른 사람이 있다. 그리고 이런 사람은 등산, 헬스, 마라톤 등의 운동을 즐기기도 한다. 운동에 중독 수준으로 빠져 있는 사람은 모두 걸음이 빠르다. 운동 자체가 나쁘지는 않다. 하지만 과유불급이라고, 지나친 것은 미치지 못한 것과 같다. 운동중독은 운동을 중단할 경우에 어떤 느낌인가를 확인하여 판단할 수 있다. 운동을 안 하면 몸 어느 한 곳이 쑤시거나 불안하거나 짜증이 나는 상태가 지속된다. 운동을 통해 땀을 흠뻑 흘린 후에 쾌감을 느낀다. 그리고 이런 현상이 반복적으로 일어난다. 이런 상태가 반복된다면 '운동중독'이라 할 수 있다. 이런 사람의 특징은 성격이 급하고 짜증이 많다.

수학자들이 밝혀낸 사실이 있다. 생명현상을 하나로 묶는 법칙. 인간을 포함한 모든 포유류의 호흡수는 크기의 1/4제곱에 비례해 느려지며, 생애 총 심장박동은 15억 번으로 정해져 있다. 여기서 찾을 수 있는 의미는 운동도 과하면 생명을 단축시킬 수 있다는 것을 의미한다. 운동중독에 빠진 사람들은 운동을 하지 않으면 불안감으로 심장이 빠르게 뛰고 호흡도 빨라진다. 일종의 금단현상이다. 그리고 운동 중엔 심장박동과 호흡이 급격히 빨라진다. 결국 과한 운동이라고 하는 것은 인간에게 정해진 심장박동을 남들보다 먼저 소비하는 행동이다.

운동 이외에 호흡과 심장박동이 가파르게 상승되는 경우가 있다. 공격할 때와 공격받을 때이다. 이는 우리 몸이 과격한 운동, 공격, 공격받음을 모두 같은 현상으로 처리한다는 것을 의미한다. 헬스, 마라톤, 등산 등의 운동이 존재하지 않았다면 인간을 포함한 모든 포유류가 근육을 과도하게 사용할 일은 사냥(공격)과 도망(공격받음)뿐일 것이다. 이런 시각에서 과격한 운동은 현대사회가 공격과 공격받음을 미화시킨 것으로 여겨진다.

사람들이 자신에게 정해진 심장박동을 미리 소비해가며 운동중독에 빠지는 이유가 있다. 운동을 마친 사람을 관찰하면 원인을 찾을 수 있다. 과도한 운동을 하게 되면 몸에 엔도르핀이 분비된다. 엔도르핀은 몸속에서 분비되는 천연 마취제이며 일종의 천연 마약이다. 엔도르핀은 웃을 때 나오는 물질이 아니다. 사람이 죽기 직전에 가장 많이 분비되는 물질이다. 여성의 경우 출산 시에 가장 많은 분비가 일어난다. 엔도르핀

은 고통을 줄여주고 마음을 편안하게 해준다. 등산, 마라톤, 헬스 등 과
격한 운동을 즐기는 사람이 하는 말이 있다. "운동을 하고나면 잡념이
없어진다." 결국 운동중독에 빠진 사람들이 죽기 직전의 고통을 견디며
얻어낸 것이 엔도르핀 효과이다. 바로 편안함.

헬스조선은 '현대과학이 밝혀낸 무병장수 7가지 비결(2007. 2. 6
최현목 기자)'이란 기사에서 다음과 같이 말한다.

현대과학이 밝혀낸 장수비결

어떻게 하면 건강하게 100년을 살 수 있을까? 유사 이래 수많은 장
수비법들이 나타나고 사라졌다. 17세기 유럽에선 당대 최고의 과학자들
이 수은을 장수의 만병통치약으로 믿고 장기 복용하기도 했다.

요즘도 갖가지 생약이나 자연에서 찾아낸 신비의 영약들이 수백만 원
씩에 거래되고 있다. 그러나 과학으로 입증된 장수 방법은 그리 특별하지
않다.

적게 먹고, 마음을 긍정적으로 가지며, 배우자와 함께 좋은 환경에서
사는 것 등 대부분은 누구나 실천할 수 있는 방법들이다. 현대과학이 밝
혀낸 장수의 비결 7가지를 소개한다.

1. 소식(小食) : 생략

2. 저(低)체온

2006년 11월 세계적 과학잡지 '사이언스'에 동물실험에서 밝혀진 새로운 장수 방법이 공개됐다. 뇌, 심장 등 신체 내부 장기(臟器)의 온도인 '심부체온(深部體溫)'을 낮추면 수명이 늘어난다는 연구결과였다. 미국 스크립스 연구소 브루노 콘티 박사팀이 유전자 조작으로 쥐의 체온을 0.3~0.5℃ 낮춘 결과, 수컷은 12%, 암컷은 20% 수명이 연장됐다는 것. 이를 인간의 나이로 환산하면 7~8년에 해당한다. 콘티 박사는 '헬스데이 뉴스'지와의 인터뷰에서 "이번 연구는 소식 외에도 수명을 연장하는 또 다른 방법이 있음을 보여준다"고 말했다.

저체온이 장수에 도움이 된다는 사실은 사람 대상 연구에서도 입증된 바 있다. 미 국립노화연구소(NIA) 조지 로스 박사팀이 '볼티모어 노화연구(BLSA)' 참가자 718명을 조사한 결과, 체온이 낮을수록 수명이 더 길었다.

과학자들은 체온이 낮아지면 체온 유지에 들어가는 에너지가 줄어들고, 에너지 생성 과정에서 발생하는 노화물질 '활성산소'도 그만큼 감소하기 때문으로 추정하고 있다. 이에 따라 과학자들은 체온을 일정하게 유지하는 역할을 하는 뇌 속 '시색전부(Preoptic area)'에 체온이 높아진 것처럼 거짓 신호를 보냄으로써 결과적으로 체온을 떨어뜨리는 방법들을 연구하고 있다.

3. 적절한 자극 : 생략

4. 성공과 학력 : 생략

5. 긍정적 태도

미국 듀크대 의대 정신과 연구팀이 1960년대 중반 노스캐롤라이나대학에 입학한 6,958명을 대상으로 다면적 인성검사(MMPI)를 실시한 뒤 2006년까지 40여 년간 추적 조사한 결과, 가장 긍정적인 태도를 지닌 2,319명은 가장 부정적인 2,319명에 비해 평균수명이 42% 더 길었다. 2004년 예일대 연구팀이 발표한 논문에서도 긍정적인 사고를 가진 사람은 부정적인 사람보다 7.5년 더 오래 사는 것으로 나타났다.

긍정적인 사람은 청력(聽力) 소실과 같은 노인성 질환 발병률도 낮았다. 예일대 의대 베카 레비 교수가 뉴헤이븐 지역에 거주하는 70세 이상 노인 546명의 청력을 36개월 주기로 검사한 결과, 노화에 대해 긍정적으로 받아들이는 노인들은 부정적인 그룹에 비해 청력 손실도가 11.6% 낮았다. 긍정적인 태도는 스트레스 호르몬 '코르티졸' 수치를 낮춰 면역성 질환, 알츠하이머병, 심장병 등에 걸릴 확률을 낮추는 효과가 있다.

6. 배우자

배우자, 자녀, 친구, 이웃 등과의 친밀한 관계는 수명을 연장한다. 울산대 의대 예방의학 교실 강영호 교수팀이 1998년부터 6년간 30세 이상 성인 5437명을 대상으로 조사한 결과, 미혼자는 기혼자에 비해 사망률이 6배 높았다.

미국 시카고대학 노화센터 린다 웨이트 박사가 중장년층을 대상으로 조사한 결과에서도 심장병을 앓고 있는 기혼 남성은 건강한 심장을 가진 독신남성보다 4년 정도 더 오래 살았다. 아내와 함께 사는 남성은 매일 한 갑 이상 담배를 피워도 비(非)흡연 이혼남성만큼 오래 산다는 연구도 있다.

친구도 도움이 된다. 호주 연구팀이 70세 이상 노인 1477명을 10년 간 추적 조사한 결과, 교우관계가 가장 좋은 492명은 하위 492명에 비해 22% 더 오래 살았다. 대화할 상대, 어려울 때 의지할 수 있는 사람이 있으면 두뇌활동과 면역체계가 활성화된다. 스트레스에도 더 잘 대처할 수 있다. 심리적인 효과 외에도 함께 사는 배우자나 자식 등으로부터 받는 건강 정보와 경제적 지원 등도 장수를 돕는다.

7. 주거 환경
하버드대 공중보건대 연구팀이 보스턴의 부유한 지역과 가난한 지역 거주자들의 사망률을 조사한 결과, 부촌(富村) 거주자의 사망률이 39% 더 낮았다. 영국 글라스고의 가난한 지역 거주자들은 기대수명이 54세에 불과하다는 조사결과도 있다.

주변 환경이 나쁘면 노화의 징후도 빨리 온다. 워싱턴 의대 마리오 슈트먼 박사팀이 세인트루이스 지역에 거주하는 563명을 조사한 결과, 소음과 대기오염이 적은 지역 거주자들은 주거환경이 나쁜 지역 사람들보다 하반신 기능장애가 올 확률이 67.5% 낮았다.

미 국립노화연구소(NIA) 조지 캐플런 박사팀이 캘리포니아 알라메다 지역 55세 이상 883명을 조사한 결과, 교통·소음·범죄·쓰레기·조명·대중교통 등 주거환경이 좋은 그룹은 나쁜 지역 거주자보다 신체 기능성 테스트에서 55.2% 더 높은 점수를 받았다.

이 기사의 2, 5, 6, 7번을 해석해 보겠다. 체온이 1도 상승하면 분당 심박수는 8박동 상승한다. 인간의 몸은 온도가 올라가면 기초 대사량이 증가한다. 혈압도 오르고 심장도 빠르게 뛴다. 열대지방보다 추운지방 사람들의 평균수명이 긴 이유도 이와 같다. 따라서 저체온이 장수비결이란 이야기는 인간에게 심박수가 정해져 있다는 것을 의미한다. 심박수를 느리게 하면 생명도 연장할 수 있다. 긍정적 태도, 배우자의 여부, 주거환경 또한 편안함과의 상관관계는 굳이 따지지 않아도 당연한 이야기다. 편안하다는 이야기는 심장이 느리게 뛴다는 것을 의미한다. 편안해야 심장박동이 느려지고 오래 산다.

공원으로 가 주위를 한 번 둘러보자. 가족, 연인, 아이들, 운동하는 아줌마, 학생. 다양한 사람들이 있을 것이다. 그들의 모습과 차이를 관찰해보라. 누가 가장 느리게 걷고 있는가? 연인들이다. 연인들이 가장 느리게 걷고 있다. 그들은 지금 서로 사랑하고 있고 그 사랑을 즐기기 위해 공원을 찾았을 것이다. 마음은 행동으로 나타난다. 그들의 사랑은 느린 걸음으로 표현된다. 이제 그들의 표정을 관찰해보라. 과도하지도 모자라지도 않은 미소를 띠고 있다. 편안함. 그렇다면 평소 걸음이나 행동이 빠른 사람들은 어떤 사람들일까?

운동 후 분비되는 엔도르핀에 의지하지 않고 편안함을 느껴보자. 공원으로 또는 동네 어디든 집 밖으로 나가라. 뒷짐을 지고 최대한 느리게 걷는다. 한 발짝(쉬고), 한 발짝(쉬고), 한 발짝(쉬고). 이렇게 2초에 한 발짝을 딛는다. 천천히, 아주 천천히 말이다. 바람을 느껴보라. 실바람이 당신의 머리칼을 흔드는 것을 느껴보라. 눈썹의 움직임을 느껴보라. 하늘을 바라보라. 땅을 바라보라. 가끔은 눈을 감고 흙 내음과 풀 내음을 맡아보라. 천천히 걷고 걸으며 눈으로 자연을 바라보고 가슴으로 품어보라. 가슴속에 들어온 자연은 화학반응을 일으켜 편안함을 만든다. 그리고 미소로 나타난다. 천천히 한 발짝(쉬고), 한 발짝(쉬고). 이것이 자연과의 데이트 비법이다.

옆에 그녀가 있는가? 그리고 그녀의 맘을 사로잡고 싶은가? 건축물과 토지 등기부등본, 졸업증명서, 각종 유가증권, 통장사본 등을 보여줄 자신이 없는가? 미사여구를 사용해 그녀의 마음을 흔들 자신이 없는가? 그렇다면 한 발짝, 한 발짝, 천천히, 천천히… 당신만이 겪은 당신만의 것을 말하라. 하지만 그냥 말없이 산책이 선사하는 편안함을 즐겨도 좋다. 편안함은 전염성이 빠르다. 당신의 느린 심장박동, 긴 호흡, 과하지 않은 웃음을 그녀에게 전염시켜보라. 그녀가 당신의 느린 심장박동에 전염되면 이렇게 생각할 것이다. '참 편안한 사람이야. 그 사람과 있을 때 참 편안해.' 당신의 느린 호흡이 표현하는 미소에 그녀를 중독시켜라. 그녀는 당신이 없을 때 편안함에 대한 금단현상이 나타날 것이다. 분명히 당신을 다시 찾는다. 같이 있을 때 편한 사람이 제일 좋은 사람이니까.

나의 걸음은 느린 편이다. 워낙 게을러 걸음조차 거북이 같다. 얼마 전 봄 날씨가 좋아 뒷동산에 산책을 나갔다. 제일 먼저 나를 맞는 산수유나무. 그리고 봄나물을 뜯는 할머니들. 언덕 위로 올랐다. 3대가 연을 날리러 나온 모습이 보인다. 호숫가를 빙빙 돌아 또 다른 언덕 위로 올랐다. 학교에서 마련해 놓은 운동기구가 보인다. 가족으로 보이는 사람들이 운동을 하고 있다. 대학생으로 보이는 여학생 둘이 보인다. 뭐가 그리 좋은지 깔깔거리며 사진 찍기 바쁘다. 아저씨 세 분과 아주머니 세 분이 보인다. 나란히 줄을 맞추어 걸어간다.

되돌아오는 길. 아주머니 몇 분이 쑥을 뜯어 봉투에 담고 있다. 옆에 서는 아저씨 한 분도 쑥 뜯는 일을 돕고 있다. 연인으로 보이는 남녀의 웃음소리가 들린다. 지나가는 나를 힐끔 쳐다보더니 말소리를 줄인다. 하지만 다시금 웃음소리를 키운다. 호숫가를 한 바퀴 돌며 바위 위에 올라 앉아 봄 햇살도 맞는다. 일어나 다시 길을 나서니 아까 그 연인이 마주 보인다. 돌아가기 위해 언덕 위를 다시 올라왔다. 연을 날리던 3대가 보인다. 연 줄이 엉켜 할아버지와 아버지는 낑낑거리고 있다. 그런데 꼬맹이는 뭐가 그리 좋은지 뛰어다니기 정신이 없다.

뒷동산에 꼴찌로 들어가 일등으로 나왔다. 누군가와 시간을 즐기는 사람들은 나의 거북이걸음보다 더 느리게 움직인다. 시간은 상대적이다.

아! 나보다 빠른 분이 계셨습니다.
얼굴 전체에 두건을 쓰시고 파워 워킹을 하시던 아주머니.

그녀를 위해 무엇을 주고 싶냐 묻는다면,
공원에서 책 읽는 내 목소릴 주겠다 답하련다.
편안하게 말이다.

스스로 해내려는 과정의 감동을 지켜보라

연애하기
7

느긋하게
성장과정을 지켜 보세요

8살이 되는 해였다. 아버지는 나와 동생을 데리고 아산만으로 낚시를 하러 가셨다. 그 곳에서 처음으로 나에게 낚싯대를 쥐어주셨다. 찌를 조절하는 법, 미끼를 끼우는 법, 찌를 보고 챔질을 하는 시점 등을 속성으로 가르쳐 주시고는 그냥 내버려 두셨다. 결국 한동안 나와 동생은 고전을 치러야만 했다. 아버지께선 낚시를 하는 동안 내가 물어보는 몇 가지에 대해 답해 줄 뿐 낚시를 어떻게 하든 아무 말씀 않으셨다. 별다른 가르침도 없었다. 눈치껏 아버지가 낚시하는 모습을 옆에서 지켜보며 따라하는 수밖에. 아버지는 그냥 내버려두었다. 내가 뭘 하든, 어떻게 하든. 몇 시간이 흐르고 드디어 생애 최초로 붕어를 낚았다. 손바닥만 한 붕어였는데 8살 아이의 손바닥 크기였으니 커봤자 얼마나 컸겠는가. 하지만 그 설렘과 아버지의 흐뭇한 표정을 아직도 잊을 수가 없다. 나의 독립심과 관찰능력은 100% 아버지로부터 받은 유산이다. 그리고 지금도 낚시에 대해선 누구에게도 지지 않는다.

시간이 흘러 지금 큰 아이가 8살이다. 몇 달 전 큰 아이와 둘째 아이를 데리고 충남 태안 소재의 공룡박물관에 갔었다. 그리고 아들들이 공룡화석 발굴체험을 하고 싶다 하여 흔쾌히 함께 참석했다. 화석 체험은 나뭇잎 화석, 암모나이트, 공룡발톱 화석을 직접 발굴하는 과정으로 구성되어 있었다. 아이들은 돌을 망치로 깨가며, 모래를 헤치며, 정과 망치를 사용해 바위를 깨 화석을 찾아야만 했다. 아이들은 고전하고 있었지만, 난 수십 년 전 아버지가 나에게 했던 그 방식 그대로 지켜보고만 있었다. 드디어 큰 아이가 화석을 찾아냈고, 시간이 조금 흘러 둘째 아이도 화석발굴에 성공하였다. 아이들이 스스로 무언가를 해냈다고 기뻐하는 모습. 나는 그 모습을 바라보는 것만으로도 흐뭇했다. 그런데 그곳에서 재미있는 모습을 발견했다. 화석을 발굴하는 대부분은 아이들이 아니고 엄마들이라는 사실이다. 아이들이 서투르니 엄마가 대신 발굴을 해주고 있었다. 아이들은 손에 장갑을 낀 채로 구경만 하고 있었고, 아빠들은 사진 찍기에 바빠 보였다. 결국, 화석발굴체험에 참가한 대상은 아이들이 아니라 엄마들이었다.

자, 한번 곰곰이 생각해보자. 그 엄마들은 왜 아이들 체험에 끼어든 것이며, 아이들은 체험을 통해 무엇을 느꼈을까? 아이들이 하는 일에 끼어드는 행동은 아이들이 서투른 것을 참지 못하는 엄마들의 조급함 때문이다. 아이들이 서투른 것은 당연하다. 그런데 엄마가 끼어들어 아이들의 기회를 뺏은 것이다. 이런 엄마들이 꼭 하는 말이 있다. "아이 키우기 힘들어요." 고생은 누가 자초하였는가?

다시 한 번 생각을 해보겠다. 아이들이 서투른 것이 문제인가, 엄마가 조급한 것이 문제인가? 오죽하면 '자기주도 학습'이라는 용어까지 출연했을까. 자기주도 학습이란 '아이들이 스스로 하도록 내버려두세요'라고 엄마들에게 보내는 메시지이다. 화석 발굴 체험에서 내가 한 일이라고는 체험관에 입장료를 낸 것과, 두 아들의 기쁨을 느낀 것밖에 없었다. 모든 발굴을 아이들 스스로 하였다. 물론 그 발굴체험에서 내 아이들은 꼴찌였지만, 중요한 것은 발굴속도가 아니라 아이들이 직접 참여하길 원했으며, 직접 발굴했다는 경험이다. 내 아이들은 최소한 정과 망치를 사용하는 법을 그 날 익혔을 것이다. 그냥 내버려두고 기다려주라. 스스로 해내려는 과정의 감동을 지켜보라. 얼마나 흐뭇한가.

직장에 가면 직원들에게 일일이 간섭을 하는 상급자를 자주 볼 수 있다. 이런 상급자의 태도 또한 하급자를 망치는 주요 원인이다. 명지대학교 교양학부 교수이며, 여러가지문제연구소 소장인 김정운 교수는 KBS 2TV 승승장구 65회(2011. 5. 24)에 출연하여 이렇게 말한다.

"연구소에 애들이 앉아서 열심히 일을 합니다. 그런데 뭔 일을 지시하고 나면 되는 일이 없어요, 되는 일이. 환장합니다. 그래서 불러다 놓고 '이 자식들아. 일을 이렇게 밖에 못해' 하고 막 신경질을 냅니다. 그러고 내 방에 가서 딱 앉으면 무슨 생각이 드나 하면, 그 아이들하고 나하고 적어도 10년에서 20년 차이가 나는 거예요. 10년, 20년에 걸친 내 노하우가 있다고. 그걸 제쳐두고 그 친구들이 나와 똑같은 능력을 가지길 요구하는 것이 정상이에요? 내가 또라이지."

신입사원의 부족한 업무능력은 당연한 것이다. 신입사원이 과장이나 차장의 업무능력을 보이는 것이 이상한 것이다. 생각해 보라. 하급자의 업무능력이 서투른 것이 문제인가, 상급자의 조급증이 문제인가? 요즘 '성공' 이라는 단어가 난무하는 세상이므로 하급자 스스로도 좋은 성과를 내려 엄청난 고민을 할 것이다. 그런데 상급자가 뒤에 와서 감시하고 매 시간마다 체크하는 행동을 보인다. 그렇지 않아도 고민이 많을 하급자에게 '야근해라, 이렇게 해라, 저렇게 해라' 는 등의 잔소리까지 한다면 일할 맛이 나겠는가. 이런 행태를 두고 우리는 '개구리 올챙이 적 생각 못한다' 라고 말한다.

'언제까지 어떻게' 란 구체적 목표만 전달하고 그냥 기다려보라. 직원들이 논다고 생각하는가? 하급자의 여유 있는 모습을 보지 못하는 의심병 때문이다. 업무 성과와는 관계없는 일이다. 구글 같은 세계적인 기업은 사무실을 흡사 놀이터처럼 꾸며놓지 않았는가. 그냥 내버려두고 기다려라. 스스로 해내려는 과정의 감동을 지켜보라. 얼마나 흐뭇한가.

'우리' 란 단어가 있다. 국립 국어원 표준국어대사전에 따르면 '우리'는 대명사로서, 「1」 말하는 이가 자기와 듣는 이, 또는 자기와 듣는 이를 포함한 여러 사람을 가리키는 일인칭 대명사. 「2」 말하는 이가 자기보다 높지 아니한 사람을 상대하여 자기를 포함한 여러 사람을 가리키는 일인칭 대명사. 「3」 (일부 명사 앞에 쓰여) 말하는 이가 자기보다 높지 아니한 사람을 상대하여 어떤 대상이 자기와 친밀한 관계임을 나타낼 때 쓰는 말이다. 여기서 '우리' 라는 구성을 이루기에 중요한 조건이 있다. 우선 '말하는 이' 즉, '나' 를 뜻한다.

흔히 직장, 가족, 단체, 동료 등 사회를 구성하는 단위에서 '우리' 란 단어를 사용한다. 직장에서 상급자가 말한다. "우리 부서는 이번 상반기 실적이 저조했습니다. 우리 부서 직원들은 도대체 뭘 했던 겁니까. 하반기에는 더욱 노력합시다." 좋은 성과를 낸 부서원은 이렇게 생각할 수 있다. '난 실적이 좋았는데 무슨 소리야. 내가 더 노력한다고 부서 실적이 더 향상되나!' 이렇게 생각하는 부서원에게 '우리' 는 의미가 없는 단어가 된다. 단순하게 실적이 좋은 '나' 와 그렇지 못한 너희들로 구분될 뿐이다. 성과가 좋지 않은 다른 동료들에게도 '우리' 는 의미가 없다. 지시하는 상급자와 따르는 하급자로 구분될 뿐이다.

부부관계에서도 마찬가지이다. 상대방이 자신의 의견을 무시하고 끌고 다니려 하고 권위를 휘두르려 한다면 '우리' 란 단어는 다가오지 않는다. 갑을관계로 여겨질 뿐이다. 남편이 퇴근을 한다. 집안이 조금 어지럽다. 아내에게 잔소리를 한다. "당신은 집에서 도대체 뭐 하는 거야!"라며 아내를 인정해주지 않는다. 이런 경우 아내는 독립된 인격체로 실존한다는 느낌을 받을 수 없다. 이 부부에게 '우리'는 없다. 갑을관계이다.

육아에서도 이런 모습이 자주 목격된다. 대부분의 아이들은 문제집보다 동화책을 더 좋아한다. 그런데 어떤 엄마는 영어공부를 하라고 강요하기도 한다. 아이들이 배가 불러서 음식을 남겼다. 그런데 어떤 엄마는 강제로 먹으라고 한다. 음식을 남기면 벌 받는다고 한다. 아이들이 화석 발굴체험에서 직접 발굴을 하고 싶어한다. 하지만 '엄마가 해줄게'라며 정과 망치를 빼앗는다. 아이들은 멍하니 흙덩이를 볼 뿐이다. 대항하지 못한다. 어차피 안 들어줄 테니까. 아이들에게 '나'라는 존재는 없다. 갑을관계의 조기교육을 받고 있는 셈이다. 엄마는 슈퍼 갑(甲), 아이는 무한을(乙).

'나'를 인정받을 수 없을 때 '우리'란 단어는 의미가 없다. 뒤집어서 생각해 보겠다. '너'를 인정해주지 않아도 '우리'란 단어가 성립될 순 없다. '너'의 독립된 인격과 자존을 인정해 주지 않을 때 '우리'는 짐승을 가두어 기르는 곳(국립 국어원 표준국어대사전)에 지나지 않는다. 사람은 각각의 자존을 인정받을 때 함께 할 수 있다. 상대가 개별적 인격체로 인정되는 관계에서 '우리'란 단어는 성립된다.

"그 친구들이 나와 똑같은 능력을 가지길 요구하는 것이
정상이에요? 내가 또라이지." 김정운 교수

"인간이 인간에게 받는 뭐라 말할 수 없는 기쁜 감정의 충격"

동화를
읽어 보세요

우리는 '어른'이 되어서 아이들에게 "이렇게 사는 것이 올바른 삶이야. 그러니 너희들도 이렇게 살아야 해"라고 전달한다. 그 수단이 매스미디어이든 직접적인 가르침이든 말이다. 그리고 사회적으로 보편타당하다고 여기는 것들을 아이들에게 전달한다. 하지만 어른들이라고 지금이 순간 사회에 또는 자신이 살아가는 방식에 왜 불만이 없겠는가. 큰 역사의 흐름에서 나타나는 정치적, 군사적 흐름은 당연 불만 대상이다. 하지만 어느 사회나 모든 시대에 존재하는 물질만능주의, 가진 자의 횡포, 욕심, 부도덕, 권력집착 이러한 문제는 그렇지 않음에도 불구하고 때로는 보편타당하게 보이기도 한다.

사랑이 밥 먹여주는 것은 아니다. 그리고 돈과 권력이 있는 사람을 배우자로 맞을 때 더 안정적인 결혼생활을 할 수 있는 것도 사실이다. 현재 대한민국 결혼정보회사는 배우자감을 등급화하기도 한다. 어느 시대나 중매쟁이는 있었다. 중매는 기본적으로 배우자감을 '등급화' 하여야 가능하다. 사회를 구성하려면 어느 정도의 자본력이 필요하다. 이런 논리는 최소의 사회 구성인 '가족'을 구성하는 데 또한 적용된다. 그 자본력이 크든 작든 간에 말이다. 그런데, 뭔가 부족하다. 자본을 기준으로 배우자감을 선택한다는 사실은 부조리하게 느껴진다. 다른 무언가가 더 중요한 것 같은데 설명하기가 쉽지 않다.

성공에 대한 정의도 마찬가지다. 사회적으로 보편타당한 성공 기준 역시 배우자감의 등급으로 판단할 수 있다. 결혼정보회사는 '배우자지수' 라는 것을 측정한다. 사회적 지수(학력, 직업, 연봉), 신체지수(키, 몸무게, 호감도), 가정환경지수(가족의 학력과 재정능력)를 활용한다고 한다. 그렇다면 부모님 재정능력이 떨어지고, 유전적 요인으로 신체적 우월성도 없고, 학력과 직업(고위공무원, 의사, 판사, 한의사)도 변변치 않은 사람은 성공하지 않은 것일까? 보람, 만족이란 단어는 성공이란 단어와 섞일 수 없는 것일까? 꼭 그런 것 같지만은 않다. 하지만 그걸 해명하기란 여간 어렵지 않다.

약 10년 전 일로 기억난다. 관련부서에 근무하는 선배에게 전할 업무가 늦어진 적이 있다. 일을 마치고 허둥지둥 그 선배를 찾았다. 그 선배는 역시나 내가 연락도 하지 않고 늦은 것에 대해 단단히 화가 나있었다. 표정이 심상치 않아 뭐라고 한 마디쯤 둘러대야 했다. "연락을 드리려고 했는데요…" 순간적으로 날아온 그 선배의 한 마디가 아직도 생생하게 기억난다. "요즘 우리 아들이 좋아하는 동화책이 있는데, 하려고 한 것은 한 것이 아니라고 쓰여 있더라. 넌 어떻게 내 아들도 아는 것을 모르냐? 대학 나온 것 맞아?" 동화책에 실린 이야기라고 한다. 몇 년이 흘러 결혼을 하고 아이를 낳고 나의 집에도 동화책이 쌓이기 시작한다. 그리고 동화책이 전달하는 간결한 메시지와 강한 전달력에 놀라기 시작한다.

미네소타 주립대학 잭 자이프스(Jack Zipes) 교수는 '동화의 정체-문명화의 도구인가 전복의 상상인가(2008)' 에서 다음과 같이 말한다.

"동화는 문명화 과정을 따르는 동시에 전복한다. 동화의 전개 과정에서 매력적으로 부각되는 점은 바로 이 이중적 역할이다. 한편으로 동화는 아이들을 사회화함으로써 그들을 순종적이고 수동적인 시민으로 만든다. 그러나 다른 한편으로 동화는 문명화 과정에 내포된 정치와 윤리에 심각한 의문을 제기한다."

동화는 아이들이 읽는 책이며 동시에 어른들이 읽어주는 책이다. 그러다보니 어른들의 시각에 맞춰진 잘못된 주제나 주장이 담긴 동화는 문제가 있다. 동화가 전하는 윤리적 규범적 메시지는 사회적으로 보편 타당성을 지녀야 한다. 쉽게 말하자면 '이렇게 사는 것이 올바른 삶이 야. 그러니 너희들도 이렇게 살아야 해'라고 전달하는 것이 동화라는 것 이다. 어떤 부모가 자녀에게 사회적으로 보편타당하지 않은 윤리를 읽 어주겠는가. 이런 동화의 기능을 자이프스 교수는 '문명화 과정을 따른 다'라고 설명한다. 그리고 동화는 큰 역사적 흐름을 포함하여 현재 사회 에 보편타당한 듯 보이지만, 그렇지 않은 현상들에게까지 반론을 제기 한다. 이런 동화의 능력이 '문명화 과정의 전복'이다.

다음은 트리나 파울루스(Trina Paulus)의 '꽃들에게 희망을(1972)' 5장 중 일부이다.

그때 꼭대기에서 또 다른 속삭임이 들려왔습니다.

"꼭대기에는 아무것도 없어!"

그러자 다른 벌레가 다급하게 말했습니다.
"쉿, 이 바보야! 조용히 해! 다른 애벌레들이 들으면 어쩌려고.
우리들은 저들이 갈망하는 곳에 와 있다고!
여기가 바로 그곳이란 말이야."

얼룩무늬는 등골이 오싹했습니다.

'진정한 혁명을 위하여!' 란 서문으로 시작하는 '꽃들에게 희망을' 은 얼룩무늬 애벌레가 나비가 되는 과정을 그린다. 얼룩무늬가 태어난다. 얼룩무늬는 삶의 무언가를 찾기 위해 여행을 떠난다. 여행을 다니며 세상을 보며 감탄을 한다. 그리고 커다란 기둥을 발견한다. 맹목적으로 다른 애벌레들이 열심히 오르는 기둥에 오르기 시작한다. 그 기둥에서 노랑 애벌레를 만난다. 그리고 기둥 오르기를 포기하고 노랑 애벌레와 내려온다. 얼룩무늬와 노랑 애벌레는 행복했다. 하지만 곧 시들해졌다. 얼룩무늬는 다시 삶의 무언가를 찾기 위해 기둥으로 향한다. 얼룩무늬는 처음보다 더욱 잔인하게 기둥을 오른다. 다른 애벌레를 밟고 오르기 시작한다. 밟지 않으면 밟혀야 하니까. 잔인해져야 한다. 동료를 밀어야 한다. 그래야 그 기둥의 꼭대기에 오를 수 있다.

얼룩무늬가 기둥에서 떨고 있는 그 시각, 노랑 애벌레는 번데기가 된다. 그리고 나비로 변태한다. 얼룩무늬는 결국 꼭대기에 오른다. 그리고 발견한다. 다른 수천 개의 기둥이 있다는 것을. 꼭대기에는 아무것도 없다는 것을. 그리고 꼭대기에 오른 애벌레들이 자신들의 위치를 유지하기 위해 꼼짝하지 않는다는 것을. 자신이 밟고 오른 애벌레들이 떨어져 죽는 모습을 본다. 노랑 애벌레는 나비로 얼룩무늬를 찾아온다. 알아볼 수 없었지만 노랑 애벌레라는 사실을 직감할 수 있었다. 오직 나비들만이 수천 개의 기둥 꼭대기를 자유롭게 날아다닐 수 있다는 사실을 깨닫는다. 얼룩무늬는 기둥에서 내려온다. 내려오며 만난 애벌레들에게 꼭대기에는 아무것도 없다고 해도 믿지 않는다. 얼룩무늬는 노랑나비를 따라 번데기가 되기로 한다. 그리고 어느 날, 드디어 나비가 된다. 그는 이제 수천 개의 기둥 꼭대기를 자유롭게 날아다닐 수 있다. '끝'이 아닌 '이제부터 시작이다' 기둥을 이루던 다른 애벌레들도 내려오기 시작한다. 많은 애벌레들이 번데기로, 그리고 나비가 된다.

우리는 저 얼룩무늬처럼 '삶에는 분명 이보다 더 나은 그 무언가가 있을 거야'란 질문으로 사춘기를 맞이한다. 사회로 나서고 그 곳에서 높은 기둥을 만난다. 기둥에 오른다. 때로는 자신이 커다란 기둥에 오르고 있다는 사실을 자랑하기도 한다. 기둥의 크기가 자신을 대변한다고 착각한다. 다른 동료를 밟고 오르는 사람도 있으며, 중간에 떨어지지 않으려 버티는 사람도 있다. 배우자를 만나 잠시 행복한 시간을 보낸다. 하지만 다시 기둥으로 향한다. 다른 애벌레들처럼 그냥 익숙한 패턴처럼. 하지만 우리는 기둥에서 내려와야 한다. 그리고 진정한 자아를 찾아야 한다. 모든 애벌레는 나비가 될 수 있지만, 모든 애벌레가 나비가 되는 것은 아니다. 기둥에서 내려와 번데기가 되는 과정을 거쳐야만 나비가 될 수 있다. '진정한 혁명을 위하여!' 당신의 모습을 본 다른 애벌레도 꽃들에게 희망을 주기 위해 기둥을 내려올 것이다.

다음은 권정생 글, 정승각 그림의 '강아지똥(1996)'의 일부이다.

날아가던 참새 한 마리가 보더니
강아지똥 곁에 내려앉아 콕콕 쪼면서

"똥! 똥! 에그, 더러워….”
하면서 날아가 버렸어요.

"뭐야! 내가 똥이라고? 더럽다고?”
강아지똥은 화도 나고 서러워서 눈물이 나왔어요.

　하지만 강아지똥은 자신의 몸을 민들레에게 보낸다. 강아지똥은 민들
레의 꽃으로, 향기로 변한다. "방긋방긋 웃는 꽃송이에 귀여운 강아지똥
의 눈물겨운 사랑이 가득 어려 있었어요.” 우리 사회는 사람들에게 점점
더 기능적인 역할을 원한다. 고용주에게는 당연한 권리이다. 돈을 지급
하면서 한 사람에 대한 능력을 사는 것이다. 원하는 기능이 없다고 판단
되면 커다란 탑을 오를 자격이 생기지 않는다. 보편적인 기능이 없다고
생각하는 사람들은 소외감을 느낀다.

　인간에게 버림받음은 곧 죽음과 같다. 사람은 엄마 뱃속에서 나옴과
동시에 '버림받음'의 불안감과 싸워야 한다. 분리불안을 이기기 위해 어
린 시절에는 엄마의 뒤를 쫓아 다닌다. 치마 끝을 붙잡고 다닌다. 유치
원, 학교에 입학하며 사회에 몸을 싣는다. 친구들과의 이질감도 무시할
수 없다. 친구들 앞에서 유행하는 옷을 입고 있지 않으면 친구들로부터
소외됨을 느낀다. 이질감이 극대화되면 튀는 행동으로 주위의 시선을
끌려 하기도 한다. 또는 사회로 들어가는 자체를 거부하기도 한다. 왕따

가 되기도 한다.

성인이 되어서도 버림받음의 공포는 존재한다. 친구들은 직장을 다닌다. 자신은 취업준비생이다. 사회의 일부로 느껴지지 않는다. 극심한 우울증에 빠지기도 하고, 사회공포증이 나타나기도 한다. 결혼을 하고 아이를 낳고 가정을 구성한다. 여성은 아이들에게 전력을 다해 에너지를 쏟는다. 어느 날 뒤를 돌아보면 아이들도 내 편이 아니고 남편마저 내 편이 아니다. 자신의 편은 없다. 남성은 직장이라는 높은 탑 위에 오르려 전력을 다한다. 퇴직을 한다. 집에 들어오니 아무도 없다. 아이들도 아내도 내 편이 아니다. 주위에 아무도 없다.

꼭 자신이 '돌이네 흰둥이'가 누어 놓은 '강아지똥' 처럼 느껴질 때가 있다. 내 편이라고 생각했던 사람들은 모두 더럽다고 피한다. 이런 경우가 되면 결국 신에게도 도전한다. "신이시여. 당신마저 날 버리시렵니까?"라고 울부짖으며 손목에 검은 칼자국을 만들기도 한다. 손목에 흐르는 피를 보며 신이 있다면 자신을 살려내라고 애원한다. 하지만, 당신이 강아지똥이라면 꽃이 될 수 있다. "강아지똥은 얼마나 기뻤던지 민들레 싹을 힘껏 껴안아 버렸어요." 옆에 있는 민들레를 힘껏 안으면 되는 것이다.

다케모도 고노스케(竹本幸之祐)의 '마지막 손님(2008, 최영혁 역)'은 인간에 대한 훈훈한 사랑을 보여준다. 주인공 게이코는 춘추암이란 제과점에서 근무하는 19세 여직원이다. 아버지는 집을 나가 몇 년째 소식이 전해지지 않고, 어머니는 교통사고로 몇 달째 누워 지낸다. 아래로는 남동생 둘, 여동생 셋이 있다. 눈 내리는 어느 밤, 게이코의 퇴근길이었다. 문을 닫았지만 가게를 찾은 손님이 보인다. 게이코는 다시 춘추암으로 돌아가 손님에게 문을 열어준다. 멀리 나고야에서 찾아온 나루도라는 손님이었다. 암으로 투병 중이던 나루도의 어머니는 위중하였다. 의사에게 그의 어머니의 생은 하루, 이틀의 시간밖에 남지 않았다는 통보를 받는다. 마지막으로 먹고 싶은 음식이 춘추암의 과자였다고 한다. 게이코는 감동을 받는다. '이 세상 마지막으로 우리 가게의 과자가 먹고 싶다고 하는 손님에게 어떻게 보답하는 것이 좋을까'를 생각한다. 그리고 "이 세상 마지막에 우리 가세의 과자를 먹고 싶다는 손님께 모처럼 저희들의 성의니까요"라고 하며 과자 값을 받지 않는다. 정확히는 자신의 '코트 적립금'이라고 적혀진 봉투에서 1천 700엔을 꺼내 과자 값을 대신 지불한다.

다음날 아침. 게이코는 나루도에게 전화를 건다. 어머니는 "그 가게. 좋은 가게로군!"이란 말을 남기고, 미처 과자를 먹지 못한 채 숨을 거두었음을 전해 듣는다. 게이코는 제과점 공장에 장례용 과자를 주문한다. 그리고 '코트 적립금' 봉투에서 5천 엔을 꺼낸다. 봉투는 점점 얇아져 간다. 유급휴가를 내고 장례에 참석한다. "처음 뵙는 손님. 이 세상 마지막에 우리 가게의 과자를 먹고 싶다고 말씀하신 분, 미처 시간을 대지 못해 정말 서운하셨겠지요. 좋아하시는 과자를 떠나시는 길에 갖고 가시라고 인사차 왔습니다. 아무쪼록 편안히 쉬십시오." 게이코는 기도한다. 그리고 그 진실 된 모습을 본 나루도는 눈물을 흘리고 만다. '인간이 인간에게 받는 뭐라 말할 수 없는 기쁜 감정의 충격'을 느낀다. 며칠 후,

게이코의 선행이 신문에 실린다. "비록 코트조차 입지 않았지만 추위를 잊은 듯 걸어가는 게이코의 표정은 밝기만 했다." 그 이후 게이코의 사연은 책에서 찾을 수 없다.

계산기를 두드려보면, 케이코의 손해는 이만저만이 아니다. 마지막 손님을 위해 다시 가게로 돌아와 집에 늦게 도착한다. 자신의 사비를 털어 나루도에게 과자를 선물한다. 한 번도 보지 못한 할머니의 장례식에 참석하느라 차비도 소비되었다. 유급휴가를 사용했기 때문에 휴식에 대한 보장기간도 줄어들었다. 장례식 과자도 자신의 사비로 준비한다. '코트 적립금'은 점점 얇아져만 간다. 하지만 나루도는 '인간이 인간에게 받는 뭐라 말할 수 없는 기쁜 감정의 충격'을 느낀다. 게이코가 준 것은 과자가 아니다. 그녀의 행동을 통해 진정성 있는 인간다움을 전해주었다. 작용이 있으면 반작용이 있다. 급부가 있으면 반대급부가 있다. 사랑을 느끼고 싶다면 인간으로서의 아름다움을 주어야 한다. 그래서 게이코의 표정은 밝기만 했던 것이다.

게이코의 일기장에는 한편의 시가 쓰여지고 있었습니다.

한 사람의 손님을 기쁘게 해주기 위해
최선을 다하고
한 사람의 손님의 생활을 위해

나의 이익을 저버린다.
인간으로서의 아름다움이야말로
우리 상인들의 모습으로 간직하고 싶다.

　어떻게 사는 것이 정답인지 모르겠고, 어려운 철학서를 읽어도 도무지 모르겠고, 논어를 읽어야 하는지, 성경을 봐야 하는지, 불경을 봐야 하는지, 성공이란 어떻게 이루어야 하는지, 나는 왜 늘 혼자인 것 같은지, 앞으로 친구들과는 어떻게 지내야 하는지, 직장에서 동료들과 선후배들과는 어떻게 지내야 하는지. 우리 삶의 주인은 누구이며, 누구를 위해 살아야 하며, 왜 그렇게 살아야 하며, 지금 여기 왜 있으며, 지금 이 일은 왜 하고 있는지 도무지 모르겠다…. 그렇다면 동화를 읽어라. 동화는 인간 세상의 흐름을 가르치며, 동시에 의문을 제시한다. 동화는 임팩트가 아주 강하다.

　　동화를 볼 때는 그림까지 꼼꼼하게 읽어야 한다.

'사람은 환경에 따라 행동한다'

환경과
상황을 선택하세요

옛말에 '호랑이 굴에 들어가도 정신만 차리면 된다'라고 했다. 그런데 호랑이 굴에 들어가면 물려 죽는다. 맨손으로 호랑이 굴에 들어가 살아나올 수 있는 사람이 몇이나 된단 말인가. 한 가지 생각을 해보겠다. 당신은 살인을 할 수 있는가? 만약 누군가의 강압이 들어온다면?

1963년 미국. 심리학자 밀그램(Milgram)은 심리학 역사상 가장 유명해진 실험을 한다. 권위복종 실험. 밀그램은 1961년 신문에 기억력에 관한 실험을 위해 교사를 모집한다고 광고를 낸다. 실험 참자가를 쌍으로 모집하였으며, 두 명이 실험실에 찾아오면 실험은 '처벌과 강도가 학습에 어떠한 영향을 미치는가를 연구한다.'고 알려주었다. 두 사람 중한 명은 '학생', 다른 사람은 '선생'의 역할을 부여받았다. 선생은 학생에게 외워야 할 단어를 알려주고 이를 제대로 외우지 못하면 전기쇼크를 주는 실험이다. 쇼크는 15V에서 450V까지 각기 다른 강도의 쇼크를 줄 수 있도록 되어 있었고 그 강도에 따라 '약함', '매우 강함', '위험함' 등으로 그 강도를 나타내는 표찰 또한 붙어 있었다. 학생은 옆방으로 가서 책상 앞에 앉아 전기쇼크 장치를 부착하였고, 선생과의 대화는 인터폰으로 이루어졌다. 학생은 선생과 직접보거나 다른 방법으로 이야기할 수는 없었다. 선생에게 쇼크의 진정성을 알려주기 위해 45V 쇼크를 직접 체험하게 하였다. 실험이 시작되었다. 전기 쇼크에 대한 학생의 고통이 인터폰을 통해 들렸다. 선생은 '더 이상 못하겠다'고 했으나 실험자는 선생에게 쇼크를 계속 강요하였으며, 만일의 사태는 실험자가 책임을 지겠다는 설명도 하였다. 실험에 참가한 40명 모두는 300V까지 쇼크를 주었으며, 3명 중 2명은 450V(최고치)까지 쇼크를 주었다. 물론 학생은 전기쇼크를 받지 않았으며 고통의 반응은 녹음된 음성이었다.

학지사 사회심리학의 이해(2009, 한규석 저) 인용

위 실험은 권위 아래서 사람이 얼마나 잔인한 행동을 할 수 있는지 보여준다. 우리나라에서 있었던 1980년 광주민주화운동 탄압 중 투입된 군인들이 잔인한 행동을 서슴지 않고 행할 수 있었던 이유도 이와 같은 맥락이다. 권위 있는 누군가가 450V 전기쇼크를 가하라고 압력을 행사한다면 누구도 예외 없이 살인과 다름없는 300V 이상의 전기쇼크를 줄 수밖에 없다는 것을 의미한다.

요즘 사회적으로 왕따 문제가 큰 이슈이다. 얼마 전 왕따 문제를 다룬 KBS의 한 프로그램에서 한 교사는 이런 이야기를 한다. "요즘 학생들이 문제예요. 주위 학생들이 폭력을 당하고 있으면 도와줘야 하는데 아무도 도와주질 않아요." 이 교사에게 질문을 하고 싶다. 당신이 번잡한 길을 가다가 한 여성이 쓰러져 있는 것을 보았다. 도와주겠는가? 대답이 어찌되었건 '대부분의 사람들은 도와주지 않는다'가 현실이며, 이 교사도 도와주지 않을 가능성이 크다.

1964년 3월 13일 미국에 제노비스라는 28살 아가씨가 그녀의 아파트 앞에서 괴한에게 칼로 찔리는 사건이 발생했다. 비명소리가 나자 아파트의 사람들이 하나 둘 내다보기 시작했다. 제노비스가 괴한에게 칼로 찔리는 모습을 본 것이다. 총 38명의 목격자가 있었다. 범인은 도망쳤다. 그런데 사건이 일어나는 동안 아무도 신고하지 않았다. 범인은 다시 돌아와 제노비스가 완전히 숨을 거둘 때까지 범행을 저지른다. 그들은 왜 단 한 사람도 신고하지 않았을까? 목격자가 38명이나 있었는데 말이다. 방관자 효과(Bystander Effect)라는 것이 있다. 주위에 도와줄 수 있는 사람이 100명이면 도와주어야 할 책임감이 각자 1/100로 줄어든다는 이론이다. 왕따를 당하는 학생들을 옆에서 지켜보고 있는 학생들은

'다른 누가 도와주겠지' 라고 생각한 지극히 정상적인 학생들이다. 지하철 선로에 떨어진 사람을 구한 단 한 사람을 우리는 '영웅' 이라고 하지 않는가. 교실에 다른 학생들은 방관자 효과(Bystander Effect)를 따를 뿐이다.

당신은 언제나 진실을 말할 자신이 있는가? 더욱 쉽게 생각해보겠다. 한 집단 내에 본인 이외의 모든 사람들이 강아지를 고양이라고 한다면 당신은 강아지라고 진실을 말할 수 있을까? 1951년 심리학자 애쉬(Asch)는 사람이 얼마나 주변 분위기에 따라가는가에 대한 실험을 했다. 50명의 남자 대학생을 대상으로 제시된 선과 같은 길이의 선을 찾는 아주 단순한 실험이다. 그런데 실험에 참가한 다른 사람들(연기자)이 틀린 답을 말하면 피실험자도 틀린 답을 말한다는 사실이 밝혀졌다. 남들이 'Yes' 라고 말할 때 'No' 라고 말하기는 매우 어려운 법이다. 이런 현상을 동조(Conformity)라고 한다.

이런 동조현상은 자신의 목숨이 걸려있는 상황에서도 나타난다. 2003년 2월 18일 오전 9시 53분 대구 지하철 중앙로 역. 50대 남자의 방화로 인한 화재가 발생했다. 3, 40분 전에 숨이 막힌다고 전화. 객차 12량 전소, 사망자 192명, 부상자 148명. 옆의 사진은 당시 객차 안에서 촬영된 유일한 사진이다. 매캐한 연기가 객차 안으로 들어오고 있다. 사람들이 코를 막고 있다. 분명히 연기의 색과 냄새가 화재를 알렸을 것이다. 그런데 사람들이 너무 태연하다. 생존자 박종호 씨의 증언이다. "기다리던 사람들이 결국 죽었지. 기다리던 사람은!" 목숨이 걸렸는데 아래의 사진처럼 사람들은 10분간 대피하지 않고 있었다. EBS 다큐프라임 '인간의 두 얼굴(2009)'은 이 지하철 참사에서 사람들이 왜 즉시 대피하지 않았는지를 증명한다.

　실험은 다음과 같다. 5명의 학생(4명 연기자, 실험참가자 1명)이 방에 들어간다. 제작진은 문제를 풀라고 하며 10분 뒤에 돌아온다고 말한다. 방의 문을 닫고 나간다. 1분 뒤, 방으로 연기가 들어온다. 연기자 4명은 아무렇지 않게 문제를 계속 푼다. 문제풀이에만 집중을 하고 있다. 피실험자 1명은 연기의 낌새를 알아채지만 다시 문제를 푼다. 대피하지 않는다. 연기가 들어오고 10분 뒤, 화재경보가 울리고 제작진의 대피를 하라는 지시를 받고서야 대피를 한다. 총 실험 5회. 방에 연기가 들어오고 있는데 실험에 참가한 모든 피실험자들은 연기를 알아채고 당황한 표정을 보이지만 주위를 둘러보고 다시 문제를 푼다. 모든 피실험자들은 도망치지 않았다. 위 대구지하철 참사의 객차 안과 같이.

제작진 : 연기가 이렇게 나는데 왜 가만히 있으셨어요.

이소립 : 다른 사람들이 다 가만히 있어서 같이 안 나간 것 같아요.

백동철 : 여러 사람 섞여 있으니까 제가 이제 혼자 먼저 나서기가 좀
　　　　눈치가 보여서. 방송국이고 그러니까 좀 믿음이 있잖아요.
　　　　그래 가지고 불난 건 아닌 거 같고.

류승원 : 솔직히 말해서 다 안 움직이니까 주위 반응을 계속 살폈어요.
　　　　'왜 반응을 안 하지?'

한나랑 : 당연히 오실 줄 알고… "10분 있다 오겠습니다" 하고선 딱
　　　　시계를 확인해 주셨잖아요. 그래가지고 '아, 그러면 딱 오겠구나.'

진경안 : 괜히 다른 사람 문제 잘 풀고 있는데 저만 혼자 나갔다가
　　　　아무것도 아니면 확실한 증거가 없으니까.

　　다른 사람들이 가만히 있다는 이유로 생명에 치명적인 문제가 일어날
수 있는 상황에서 대피하지 않았다. 아래는 대구지하철 참사 생존자들
의 증언이다.

오지언 : 저도 그때는 충분히 그러고 있었으니까. 일어서려다가 다시
　　　　앉았으니까. 이거 대피를 해야 되나…. 왜냐하면 '곧 출발한

다' 라고 방송을 들었기 때문에

권춘섭 : 기관사가 방송으로 곧 출발할 테니까 기다리라고 하더라구요.
그래서 뭐 그대로 기다리고 있었지요. 10분은 기다린 것 같
아요. 상황을 모르니까. 안이 안전한지 바깥이 안전한지를
판단을 못하잖아요. 그 칸에서는 내가 제일 먼저 나왔거든요.
문을 연 게 나 혼자뿐이 안 열었으니까.

하지만 EBS팀은 동일한 실험에 조건을 바꿔 다시 실험을 한다. 방 안
에 피실험자 단 1명만 들어간다. 연기자 4명은 없다. 1분 뒤 연기가 들어
온다. 피실험자는 18초 만에 방을 탈출한다. 피실험자 주위에는 눈치를
볼 주위 사람이라곤 없었다. 주변 환경을 바꾸니 탈출을 한다. '나라면
안 그럴 텐데' 라는 생각은 오만과 교만이다. 사람은 주변 상황에 따라
움직인다. 목숨이 걸려있는 상황에서도 주변 사람들이 움직이지 않으면
자신도 움직이지 않는다.

위 실험과 이론들은 인간이 환경에 따라 어떻게 행동하고 반응하는지
나타내 주는 대표적인 사례들이다. 이 실험들이 동일한 목소리로 전달
하는 메시지가 있다. '사람은 환경에 따라 행동한다.' 과학적으로 밝혀
진 사실이다. '난 그렇지 않아' 라는 생각은 교만이다. 대부분의 사람은
그 환경에 들어가면 그렇게 행동할 수밖에 없다. 누구나 한번쯤 경험이
있을 것이다. 하기 싫은데 그 분위기에 따라 행동한 기억들. 모든 사람

들은 환경의 지배를 받을 수밖에 없다. 사람은 이성적으로 행동하지 않는다. '나만은 이성적으로 행동한다'고 착각할 뿐.

그런데 너무 허무하지 않은가. 사람이 상황에 따라 행동한다면 기계와 뭐가 다르단 말인가. 허무하다. 누군가가 우리들 머릿속에 행동의 메커니즘을 프로그래밍해 둔 느낌을 받는다. 이런 상황에서는 이런 행동을, 저런 상황에서는 저런 행동을. 우리가 환경에 따라 행동하도록 말이다. 하지만 인간이 기계와 다른 점은 환경을 선택할 수 있는 '의지'를 가지고 있다는 점이다. 우리는 환경을 선택할 수 있다. 환경을 찾기도 하고 때로는 환경을 만들기도 한다.

술집을 전전하는 친구들과 어울리면 술집을 다닐 수밖에 없다. 도박을 하는 친구들과 어울리면 도박에 빠지게 된다. 쇼핑과 명품을 즐기는 친구들과 어울리면 어느덧 자신의 손에 들려있는 명품 백을 발견한다. 이런 행동을 하면서 우리는 '괜찮아. 남들도 다 그렇게 하는데 뭐'라고 자위한다. 남들도 다 그렇다? 그렇지 않다. 모든 사람이 술집을 다니고 도박을 하며 명품을 밝히지는 않는다. 그런 사람들이 있는 환경에 몸이 위치했기 때문이다. 주위를 둘러봐도 그런 사람들만 보이기 때문이다.

부자가 되는 방법을 소개하는 사람이 공통적으로 하는 주장이 있다. "부자가 되려면 부자들과 어울려라." 부자들과 있으면 자연스럽게 부자가 되는 행동을 한다. 그리고 돈은 그 행동을 따를 것이다. 적극적으로 내가 원하는 분위기에 몸을 위치해야 한다. 성공하고 싶다면 첫 번째로 성공한 사람들이 있는 곳에 몸을 위치해야 한다.

답답하고 우울한가? 일단 당신 주위를 둘러보아야 한다. 집안 분위기는 어떤지, 직장 분위기는 어떤지, 친구들은, 가족은? 그 분위기가 싫다면 적극적으로 회피하라. 다른 환경에 몸을 위치시키거나 적극적으로 환경을 만들어야 한다. 일본 도쿄 외곽에 있는 작은 도시 아다치구. 그 조그마한 도시에는 강력범죄가 26건이나 발생했던 과거가 있었다. 하지만 범죄율은 급감하게 된다. 변화는 가로등이다. 푸른빛을 내는 가로등으로 바꾸고 2007년에는 범죄가 단 한 건도 발생하지 않았다. 푸른색은 사람을 차분하게 한다. 집안의 분위기를 바꾸기 위해서는 조명부터 밝게 유지해야 한다. 밝은 조명은 우리 몸속의 세로토닌 분비를 촉진한다. 임상적으로 세로토닌이 부족한 현상을 우울증이라고 한다. 밝고 평온한 분위기가 사람의 마음도 밝게 만든다.

우울증이 있는 사람에게는 산림욕을 권한다. 나무와 산에서 뿜어져 나오는 화학 성분은 둘째치더라도 일단 상쾌하고 시원하지 않은가. 좋은 향기가 풍기는 공기와 평화로워 보이는 환경에 몸을 위치하면 자신도 맑아지고 평화로워진다. 우울하다고 칙칙한 술집 한 구석을 차지한다면 칙칙한 분위기에 더 칙칙하게 된다. 대한민국에 밝고 평화로운 분위기의 술집은 없다. 울적한 일이 생기면 차라리 공원에 산책을 가라. 아이들이 뛰어놀고 연인들이 대화를 나누는 모습을 바라보라. 곧 내 마음도 그 분위기에 동조(Conformity)된다.

직원들의 업무성과를 높이고 싶은가? 사무실 분위기를 좀 더 적극적이고 경쾌하게 바꾸어야 한다. 조명을 밝게 유지하고 밝은 색의 가구를 들여 놓아라. 파티션은 차라리 없는 편이 낫다. 당신이 권위자라면 웃고 떠들어야 한다. 전화를 받아도 큰 소리로 받고, 밝은 음악을 틀어서 사무실을 경쾌하게 만들어야 한다. 권위 있는 사람이 웃으면 하급자도 웃는다. 힘든 프로젝트를 할수록 하급자들이 깔깔거리며 웃어야 한다. 웃음의 마취효과는 대단하다. 지금 당장 사무실에 오디오를 한 대 비치하고 걸 그룹의 댄스음악을 틀어 놓기를 권한다.

직장에서는 누구나 권위를 사용한다. 물리적 압력이 아니라 직급에서 나타나는 자연스러운 권위이다. 하지만 일 앞에서 쩔쩔매는 하급자들이 있다. 그들에게 이렇게 말해 보라. '만일의 사태는 내가 책임진다'고. 그럼 그들은 밀그램의 권위복종 실험처럼 전기쇼크를 450V로 올릴 극단적 행동도 할 수 있다. 업무성과가 떨어지면 업무성과가 떨어지는 상황이 있기 때문이다. 배우자가 우울하면 우울한 상황이 있기 때문이다. 아이들의 성적이 떨어지면 그런 상황이 있기 때문이다.

1994년 뉴욕시장으로 선출된 '루돌프 줄리아나(Rudolph Giuliani)'와 신임 검찰국장 '윌리엄 브래턴(William J. Bratton)'. 당시 뉴욕의 60만 건에 이르는 범죄의 90%는 지하철 범죄였다. 그들은 범죄율 감소를 위해 아주 단순한 대책을 실행한다. 무임승차 단속, 낙서지우기를 통한 깨끗한 지하철 만들기였다. 언론은 비난하기 시작했다. 하지만 이 대책으로 범죄율은 75% 감소한다. 환경이 인간의 행동을 결정한다는 것을 증명한 세계사에 남을 사례이다. 이렇듯 리더는 환경과 상황을 통제할 수 있어야 한다.

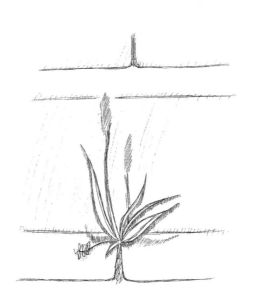

사람은 환경과 상황에 따라 움직이는 동물이다.

'많이 힘들었겠군요'

연애하기
10

끝까지
들어주세요

대한민국 아저씨들은 믿는 사람 세 명만 있어도 무서울 것이 없다고 한다. 이 말은 '믿을 사람이 세 사람도 없어서 세상 살기 두렵다'라고 해석된다. 그런데 대한민국 아저씨들에게는 재미있는 말버릇이 있다. "그래서 결론이 뭐야?"

10년도 더 된 일이다. 공부를 하기 위해 친구 녀석과 도서관을 찾았고 중간에 담배를 한 대 태우며 이런 저런 이야기를 나누었다. 당시 직장생활이 너무 힘들어서 친구 녀석에게 직장에서 있었던 일을 이야기하기 시작했다. 같이 근무하는 동료들을 씹는 일종의 뒷담화였다. 이야기를 듣던 친구 녀석이 중간 중간에 이렇게 말하는 것이다. "그럼 이렇게 해야지.", "그래도 네가 참아야지.", "그럼 이렇게 하든가." 끝내는 "나보고 어쩌라고!" 누가 해결을 바라고 그런 이야기를 했단 말인가? 지금 그 녀석에게는 믿는 사람 세 명이 있을지….

　대한민국 아줌마들에게도 재미있는 말버릇이 있다. 물어보기 아니면 명령하기다. 드라마 '내 남자의 여자(2007, 김수현 극본)' 1회의 대사 일부분이다. 준표는 드라마 1회부터 화영과 불륜관계이다.

　　　준표 : 지수의 남편
　　　지수 : 준표의 아내
　　　화영 : 준표의 내연녀

　　　준표 : (전화통화 중)
　　　지수 : (노크를 하고 준표의 서재에 들어온다) 여보
　　　준표 : 왜 노크도 안 해.
　　　지수 : 했는데?
　　　준표 : 못 들었어.
　　　지수 : 중요한 전화야? 노크 소리도 못 듣고.
　　　준표 : 아니야. (전화를 끊으며) 나중에 다시 통화해요. 내가 걸게요.
　　　지수 : 누구?
　　　준표 : 조교.

지수 : 무슨 문제 있대?

준표 : 그런 게 어디 있어.

지수 : 선풍기 좀 갖다 줄까?

준표 : 왠?

지수 : 날씨가 이상해졌나봐. 벌써 좀 덥네.

준표 : 안 더워. 어디가?

지수 : 얘기했잖아. 아버님 국.

준표 : 아.

지수 : 냄새 싫다고 투덜거렸으면서.

준표 : (지수가 가지고 온 음료를 조금 먹다가 내려놓는다)

지수 : 다 마셔. 내려놓으면 당신 또 남기더라. 마셔 언능.

준표 : 나중에.

지수 : 4시 근처면 들어올 거야. 뭐 먹고 싶은 거 없어? 그 쥐포,
또 사올까?

준표 : 됐어.

지수 : 잘 먹더니만. 그럼 쿠키 줘?

준표 : 됐다니까. 나가 일 봐.

지수 : 경민이 간식 냉장고에 있고, 오거든 씻고 숙제하라고 해.

준표 : 냉장고에 써붙여 놓았을 거면서 뭘.

지수 : 그래도 혹시.

준표 : 강의 준비 만만치 않다고 해.

지수 : 어. (방을 나간다)

1분 15초 동안의 대화이다. 물음표의 개수를 세어보자. 의문문은 총 10개이다. 지수는 계속 준표에게 물어보기만 한다. 이런 형태의 대화는 대화가 아니다. 취조이다. 지수의 대사는 의문문 아니면 명령문이다. 의문문과 명령문은 사람을 지치게 한다.

드라마 '내 남자의 여자(2007, 김수현 극본)' 7회의 대사 일부분이다.

지수 : (서재에 들어온다) 정말 끝내는 거야?

준표 : (한숨을 쉬며) 끝냈어. 끝낸다고 했잖아.

지수 : 믿어도 돼?

준표 : 그래.

지수 : 그 뒤에 연락 안 했어?

준표 : 안 했어.

지수 : 연락 안 왔고?

준표 : 아니.

지수 : 믿어?

준표 : 믿어. (차를 한 모금 마신 후) 왜?

지수 : 안 믿겨.

준표 : 믿으라는데 안 믿긴다면 할 말이 없어.

지수 : 나를 왜 이렇게 만들어. 팥으로 메주를 쑨다고 해도 믿었었어. 나 완전 바보였었어.

준표 : 그래. 그래서 미안하다고 했잖아. 잘못했다.

지수 : 다시는 안 그런다고 약속해.

준표 : (화를 내며) 그 약속도 벌써 했어.

지수 : 왜 화를 내. 뭐 잘한 거 있어서?

준표 : (한숨을 쉬면) 너무 질긴 게 지겨워.

"너무 질긴 게 지겨워." 물론 준표가 불륜이라는 큰 잘못을 했다. 하지만 의문문과 명령문은 사람을 지치게 한다. 지수는 준표에게 결혼생활 내내 취조하기 아니면 명령하기만 했을 것이다. 끝내 지겨워진 준표는 화영과 넘어서는 안 될 선을 넘는다. 그리고 지수의 이런 태도는 준표로 하여금 화영을 다시 찾게 하는 결정적 원인으로 작용한다.

드라마 '내 남자의 여자(2007, 김수현 극본)' 9회의 대사 일부분이다.

준표 : 어머니도 지수만큼은 아니었어. 내키지 않은 결혼하셔서 평생
       을 아버지와 투쟁하시느라 거의 우울증에 가깝던 우리 어머니.
       당신과 투쟁하시느라 나한테는 별 관심도 애정도 없으셨어.
       그러다 지수를 만났지. 천사였어.

화영 : 나는 누구도 지상에 인간의 몸을 갖고 태어나 오로지 착하기만
       한 천사일 수만은 없다고 생각해. 천사를 흉내 낸 사람일 뿐이지.

준표 : 천성이 착한 사람이 왜 없어.

화영 : 부자연스러울 만큼 착한 건 목적을 위한 위장으로 보이더라.

준표 : 지수는 그런 거 아냐.

화영 : 나는 안 착해. 나는 나빠.

준표 : 당신도 착해. 착하니까 친정 시댁 경제적 부담 짊어지고
       그렇게 오래 견뎠지.

화영 : 지수 같았으면 군소리 없이 아직도 계속 하고 있겠지. 그게
       나랑 틀린 거야. 나는 악쓰고 발광하고. 그리고는 뛰쳐나와
       모르는 척하고 있어.

준표 : 누구나 어떤 일이나 한계는 있어.

화영 : 날 이해해주는 사람, 천지에 당신밖에 없어.

준표 : 지수한테 감사를 잊어버린 게 언제부터인지 몰라.
       잘못한 게 너무 많아.

화영 : 남자, 여자. 한쪽 사랑이 식으면 그것으로 끝이야.

준표 : 부부관계는 남녀관계랑 달라.

화영 : 나는 끝이던데. 7년을 남남으로 살면서 그냥 형식만 남던데.

준표 : 많이 미안하고 내가 무책임하고 한심한 인간이란 생각이 들어.
       화영이 테라스로 나간다. 준표도 따라나선다.

화영 : 사랑 없는 껍데기 결혼생활은 사기치는 거야.

준표 : 인내지 그게 왜 사기야.

화영 : 뭘 위해서 인내해야 하는데. 무엇 때문에 죽어버린 사랑
       껴안고 계속 인내해야 하는데.

준표 : 사랑이 끝나도 정은 남아. 정만으로도 살아.
       사랑보다 정이 더 끈질길 수 있어.

실컷, 울어야 다시 사랑할 수 있다

화영 : 그래서?

준표 : 마음이 불편하단 얘기를 하는 거야.

화영 : 나는 전혀 아무렇지도 않기만 한 줄 알아? 나는 이 나이에
       과부돼 친구 남편 뺏은 죽일 년 되는 일이 내 일생 시납시스
       중간에 끼어 있을 줄 알고 살았어? 날 쓸쓸하게 만들지 마.
       나도 공짜로 당신 얻는 거 아냐.

준표 : (말없이 화영을 안는다)

화영 : (눈물을 흘린다)

준표는 내연녀 화영에게 아내 지수를 천사라고 말한다. 불륜에 대한
죄책감을 '아내는 천성이 착한 사람'이라고 표현하는 것이다. 화영은 지
수의 착함은 '위장'이라며 준표의 죄책감을 덜어주려 한다. 준표는 '당
신도 착하다. 누구나 어떤 일이나 한계는 있다'라고 화영의 숨겨진 내면
을 읽는다. 화영은 "날 이해해주는 사람, 천지에 당신밖에 없어"라고 대
답한다. 준표는 계속 화영과의 관계에 대한 죄책감에 대해 이야기한다.
화영은 '그래서?'라고 되묻기도 하지만 자신의 고통스러운 마음을 털어
놓는다. 그리고 준표는 그런 화영을 말없이 안아준다. 상대가 털어놓는
마음을 안아주고 편 들어주는 일은 법적 윤리적 선 또한 넘게 한다. "날
이해해주는 사람, 천지에 당신밖에 없어"라고 하면서.

소설 '꿈꾸는 식물(1978, 이외수 저)'을 보자. 등장인물 정희는 주인

공에게 자신의 비밀을 이야기한다. 정희의 어머니는 과부이고 다른 남자와 연애를 한다. 정희 자신은 어머니를 증오하고 있지만 자신도 공허한 느낌에 망가져버리고 싶어 남자를 찾았다고 한다. 어머니처럼 변하는 자신이 무섭다고 한다. 아무에게나 할 수 있는 쉬운 이야기가 아니다. 정희는 비밀을 주인공에게 털어놓고 몸을 허락한다. 나만이 가지고 있는 아픔과 숨겨왔던 수치심을 누군가에게 스스로 털어 놓으면 급격히 친해진다. 뒤집어서 생각해보겠다. 아픔을 들어주기만 하여도 누군가는 몸을 허락한다.

책 '사장으로 산다는 것(2006, 서광원 저)'을 보면 대한민국 사장님들의 애환을 볼 수 있다. 사장들은 고민을 어디다 털어놓아야 할까. 직원들에게 '나 힘들다'라고 말할 수도 없는 노릇이다. 아내에게 털어놓아도 취조하기 아니면 명령하기로 답한다. 그래서 찾는 곳이 룸살롱이고 접대여성들이다. 접대여성들은 손님이 하는 시시콜콜한 이야기까지 끝까지 들어줄 의무가 있다. 그들 스스로 손님들이 털어놓는 고민을 들어주는 일이 매상과 직접적인 관계가 있다는 것을 잘 알고 있다. 그리고 이렇게 이야기한다. "오빠, 정말? 오빠, 너무 멋있다." 편 들어준다.

몇 년 전 직장에서 있었던 일이다. 한 직원과 은행에 다녀올 일이 있었다. 서로 아이들 이야기를 하다가 가족 이야기가 나왔다. 그는 자신의 결혼생활이 힘들다고 했다. 아내가 자신에게 무심하고 자신이 하는 일에는 전혀 관심도 없다고. 섹스리스로 지낸 지 벌써 몇 년이 흘렀으며,

집에 들어가면 자신이 투명인간처럼 느껴진다고. 처가에는 그렇게 잘 하는데 시댁엔 무심하다고 했다. 그런데 그의 말이 빨라지며 눈물을 흘리기 시작했다. 그가 워낙 힘들어보였기 때문에 나는 그저 그의 이야기를 들어줄 수밖에 없었다.

직장 이야기도 털어놓기 시작한다. 10년 동안 근무하면서 휴가 한 번 쓰지 못하고 지냈다고, 휴가를 쓰려하면 윗사람들이 눈치를 준다고. 자신은 창립멤버로 입사하여 초창기부터 지금까지 사명감 하나로 직장생활을 했는데, 요즘 입사한 신입사원들은 휴가도 자주 나가고 가족 핑계도 대면서 야근도 하지 않는다고도 했다.

내가 듣기에는 그가 조금 미련하게 보였다. 하지만 아무런 조언도 할 수 없었다. 내가 그 입장이 아니니 어떻게 조언을 한단 말인가. 그냥 "많이 힘들었겠군요"라면서 마음을 읽어줄 수밖에. 그는 눈물을 닦아내며 1시간이 넘는 대화를 이렇게 마무리 지었다. "10년 동안 누군가에게 이렇게 이야기 해보는 것이 처음이예요. 속이 다 시원하네요." 그냥 들어주기만 해도 그 사람 속은 시원해진다. 그리고 그 날 나는 '내 편' 한 명을 얻었다.

누군가가 '내가 요즘…' 이라고 말을 꺼내기 시작하면 자신의 고민을 털어놓기 위해서라고 봐도 좋다. 이럴 때는 그냥 들어줘야 한다. 중간중간에 '어휴', '에고', '그랬구나'라며 추임새만 넣어도 사람은 모든 고민을 속 시원하게 털어놓는다. 그리고 가능하다면 그 사람의 감정을 읽어주어야 한다. "많이 슬펐겠구나.", "배신감이 컸겠구나.", "많이 외로웠겠구나." 하면서 말이다. 타인의 고민은 들어주는 것이지 해결해주는 것이 아니다. 누군가 당신에게 고민을 말하려 한다는 의미는 그만큼 믿고 있다는 뜻이다. 어설픈 조언을 하거나 대책을 제시하면 털어놓는 사람의 감정만 상한다. 그러면 그는 당신을 다시는 찾지 않을 것이다. 고민을 말하는 사람은 자신의 치부를 드러낸 것인데, 그 치부를 받아주지 않은 사람과는 더 이상 친하게 지낼 수 없는 일이다. 힘들게 이곳저곳 돌아다니며 '내 편' 찾지 말고, 말 거는 사람의 말만 잘 들어줘도 '내 편'은 쉽게 생긴다. 그리고 누군가 눈물을 글썽이면 이렇게 말해주라. "괜찮아요. 우세요."

"날 이해해주는 사람, 천지에 당신밖에 없어."
내 남자의 여자 中

대화를 하면 거울신경세포가 활발해지고 상대와 '우리' 라
는 동질감을 얻게 된다. 그 동질감은 화자에게 든든함을
선사한다. 그런데 얼마 전부터 대한민국 남자는 동질감을
얻을 자격을 모두 잃어버렸나 보다. 신께서 무제한 요금제
를 허락하신 '대화' 에 비용을 지불해야 하니 말이다.

여성은 무료? 하긴 남자끼리만 이야기하면 무료하겠지.
허구헌 날 일 이야기, 왕년의 이야기, 군대에서 축구한 이
야기 말고 무슨 대화를 하겠는가.

대한민국 남자는 여자 없이 대화도 못하는 존재인가 보다.

실컷, 울어야 다시 사랑할 수 있다

| 3장 |

하루를
시작하기

시작이 반이다.

어떤 표정으로 하루를 시작하느냐가
그날 기분의 반을 결정한다.

하루의 시작을 바꾼다면
남은 인생의 반을 바꿀 수 있다.

피부를 따뜻하게 하면 마음도 편안해진다

엄마의 손길을
느껴보세요

일본의 '야마구치 하지메(山口創)'는 저서 '아이의 뇌는 피부에 있다 (2007, 안수경 역)'를 통해 아이의 뇌 발달과 스킨십의 중요성을 설명한다.

거친 속옷은 아이의 면역력을 떨어뜨리고 스트레스를 증가시키며 신경계와 뇌 활동에도 영향을 준다. 또한 부드러운 속옷을 입으면 계산 능력이 향상된다. 어머니와의 스킨십은 아이에게 자신이 소중한 존재로 인정받는다는 자신감을 강하게 심어주며, 아이는 그 따뜻함을 통해 '사람은 신뢰할 수 있다'는 사실을 피부로 배워간다. 아버지와의 스킨십은, 살아가면서 자신의 존재를 드러내고 다른 사람과 협조하는 사회성을 키운다.

영아기에 어머니와 스킨십이 적었던 대학생은 인간 불신과 자폐적인 경향이 높고 자존감은 낮았다. 이처럼 어릴 적 부모에게 받은 스킨십의 기억은 신체와 무의식 속에 남아 있어, 성장하는 내내 아이의 마음에 영향을 미친다고 할 수 있다. 어려서 피부 감각이 충분히 자극받지 못하면, 성장한 후에 그 충족되지 못한 자극을 채우기 위한 행동 경향이 강해진다. 이것이 감정을 컨트롤하는 뇌의 기능에 이상이 생긴 결과라면, 스킨십은 영유아기 때부터 뇌의 그 부분을 자극하여 정상적인 기능을 하도록 한다. 그러므로 스킨십 부족으로 인해 '상처 입히는 뇌'가 될 수 있다. 피부는 '노출된 뇌'이며 또한 직접 접촉할 수 있는 것이다. 눈에 보이지 않고 만질 수도 없는 뇌에 대해 논하기보다, 직접 만질 수 있는 피부에 주목하는 것이 더 현실적인 대응이라는 것은 분명하다. 언뜻 보면 뇌에서 동떨어진 피부나 신체의 말단부에 주는 즐거운 자극이 마음을 키우는 데 의외로 큰 힘을 발휘한다.

그의 주장과 같이 아이의 뇌 발달에 대해 만질 수도 없는 뇌에 대해 논하기보다, 직접 만질 수 있는 피부에 주목하는 것이 더 현실적이다. 그렇다면 스킨십은 아이에게만 중요할까?

미국의 만화가 찰스 슐츠(Charles Schulz, 1922. 11. 26. ~ 2000. 2. 12.). 찰리 브라운과 스누피로 유명한 그의 만화 '피너츠(Peanuts)'는 전 세계 75개국의 2천600여 신문에 21개 언어로 번역되었다. '피너츠'

의 등장인물 중 '라이너스' 란 캐릭터가 있다. 그는 늘 손가락을 빨고, 자신의 어릴 적 이불을 가지고 다닌다. 엄마와의 스킨십이 부족해서 생긴 버릇이다. 이런 버릇이 성인이 되었을 때도 남아있다면 '관계중독' 으로 발전한다.

길을 걷는데 꼭 상대방의 팔짱을 끼고 걷거나 손을 꼭 잡아야 한다. 이야기를 하면서 상대방의 등이나 허벅지 등을 자꾸 치거나 쓰다듬는다. 누군가가 옆에 있으면 꼭 손을 잡아야 한다. 집에서 잠을 잘 때 꼭 아내의 젖가슴이나 신체 일부를 잡고 있어야 잠을 이룰 수 있다. 여성의 경우 남편 품안에 꼭 안겨 있다거나 남편의 성기를 잡고 있어야 잠을 잘 수 있다. 누군가가 옆에 없다면 잠을 잘 수 없다. 숙직이나 당직을 설 때는 자신의 베개나 이불이 없이는 잠을 못 이룬다. 성인이 되어서도 잠자리에서 꼭 곰 인형을 안고 자야 한다. 이런 버릇들을 '관계중독' 이라고 한다. 스킨십에 대한 집착.

어린 아이를 키워본 사람은 알 것이다. 아기들은 잠을 잘 때 엄마 옷고름을 꼭 붙잡고 놓지 않는다. 얼마나 꽉 잡고 있는지, 손을 떼기도 힘들 정도다. 그리고 아이들은 안고 있으면 잘 자는데 내려놓기만 하면 잠을 깨기 일쑤다. 원인은 '불안' 이다. 아이는 항상 불안해 한다. 엄마의 자궁 속에서 최상의 상태로 보호받아 오다가 세상 밖으로 나왔으니 얼마나 불안할까. 그래서 '날 따뜻하게 안아주세요' 라며 엄마를 꼭 붙잡고 있는 것이다. 이런 행동은 아기들이 자신의 생명을 지키기 위한 처절한 몸부림이다.

어떤 사람은 어릴 적 엄마에게 안기려 했던 것처럼 배우자의 품안으로 들어가려 한다. 어릴 적 엄마의 젖가슴을 빨며 잠을 자려 했던 것처럼 아내의 젖 가슴에 집착하는 이도 있다. 배우자의 손을 잡아야 잠을 잘 수 있다거나, 섹스를 마치고 삽입이 되어 있는 상태로 잠을 이루고 싶다는 사람도 있다. 이런 사람은 스킨십을 거부당하면 매우 불안해 하고 화도 낸다. 배우자가 집을 나서면 나가지 말라고 징징거린다. 한쪽에서는 안아달라고 매달리고, 한쪽에서는 귀찮다고 도망간다. 꼭 어디서 본 장면 같지 않은가? 주로 어린 아이들을 유치원에 보낼 때 발생하는 분리불안 증상과 동일하다.

미혼 또는 배우자와의 스킨십 부족 등으로 접촉을 갈망하는 사람은 돈을 주고 스킨십을 사기도 한다. 밤이 되면 화려해지는 안마시술소, 룸살롱, 노래방 등 이곳에 가면 시간당 몇 만원에 스킨십을 얻을 수 있다. 사람의 무의식을 올라오게 하는 방법이 몇 가지 있다. 최면, 자유연상, 마지막으로 '술'이다. 어린 시절에 분리불안을 심하게 겪었던 사람은 술을 마시면 과거에 느꼈던 분리불안을 경험할 것이다. 엄마의 따뜻한 품안이 그리워지고, 끝내는 돈을 주고 스킨십을 산다. 이런 사람은 어른이 되어서도 엄마의 따뜻한 품을 필요로 한다. 늘 공허해 한다. 그렇다고 엄마 뱃속의 안락함을 느끼기 위해 매일 '날 만져주세요'라고 할 수도 없는 노릇이다.

인간은 엄마 뱃속에서 세포분열을 하면서 배엽(胚葉, Germinal

Layer)이라고 하는 세포층이 만들어진다. 배엽은 내배엽, 중배엽, 외배엽으로 구분되는데 내배엽은 소화기관, 간, 폐 등과 같은 장기로, 중배엽은 뼈, 근육, 혈관, 생식기 등으로 만들어진다. 외배엽은 피부, 신경, 감각기관, 뇌로 만들어지는데 이런 생물학적 이유로써 서울대학교 의과대학 서유현 교수는 각종 칼럼 및 방송을 통해 '피부는 제2의 뇌'라고 말한다. 피부는 감각기관으로서 감각뉴런이 뇌까지 연결되어있으며, 약한 자극도 뇌에 전달된다. 피부 자극은 뇌 자극이며, 피부를 따뜻하고 편안하게 한다면 뇌도 편안해진다. 뇌는 곧 마음이다. 피부를 따뜻하게 한다면 마음도 편안해진다. 그래서 우리는 따뜻한 물로 샤워를 하고 탕에 들어간다. 편안해지도록.

누구나 샤워는 한다. 하지만 누구나 샤워를 통해 충분한 안락함을 얻는 것은 아니다. 샤워를 통해 엄마의 손길을 충분히 느껴보라. 물의 온도는 약간 뜨겁다고 느끼는 정도가 좋다. 물의 세기는 조금 약한 정도가 좋다. 샤워기를 고정시키고 흐르는 물에 몸을 담구면 물이 피부를 쓰다듬기 시작하며 따뜻한 느낌이 피부를 통해 두뇌로 전해진다. 물이 피부를 따라 흐르는 느낌을 잡아야 한다. 몸을 타고 흐르는 물 한줄기 한줄기가 어떤 형태로 흐르는지 피부로 느껴본다. 물에 몸 한 곳을 집중적으로 닿도록 한다. 그 곳의 피부와 다른 곳의 피부의 느낌이 어떤 차이가 있는지 느껴본다. 차이가 느껴지면 천천히 위치를 바꾼다. 몸을 움직이면서 튀어 오르는 물방울이 다리와 목과 팔에 닿는 느낌을 잡는다. 천천히 집중해야 한 방울의 느낌까지 잡을 수 있다. 이 느낌을 잡아야 한다.

피부 한 곳에 물을 위치하고 한참동안 느껴보며 시간에 따라 그 느낌이 어떻게 변하는지 확인한다. 샤워하기의 목적은 몸을 청결하게 하는 단순한 목적이 아니다. 엄마가 아기 때 안아주고 쓰다듬어 준다는 느낌을 받아야 한다. 샤워를 하는 동안 물줄기는 엄마의 손이라 생각한다. 물줄기로 변형된 엄마의 손에 몸 이곳저곳을 마찰시킨다. 사람들마다 제일 안락함을 느끼게 하는 부위가 다를 것이다. 머리, 등, 가슴, 목, 배, 팔, 다리 등으로 엄마의 손길을 이동해 본다. 엄마 손이 닿았을 때 가장 안락함이 느껴지며 몸에 힘이 빠지는 부분이 있을 것이다. 그 부위의 안락함을 집중적으로 느껴 본다.

우리나라 목욕 문화에 때밀이 문화가 있다. 거친 타월을 사용해 때를 미는 행동은 피해야 한다. 엄마의 손길을 느껴야 하는데, 피부를 강하게 자극하는 행동은 엄마가 회초리를 드는 행동과 다르지 않다. 자극적이지 않은 목욕용품을 활용해 몸을 닦아낸다. 거울을 보며 자신의 표정을 들여다 본다. 지금 느끼는 만족감에 표정이 어떻게 바뀌었는지 확인한다. 지금 피부를 통해 느껴지는 안락함, 심장박동과 호흡을 기억한다. 이런 느낌이 당신을 가장 멋지고 아름답게 보이게 한다. 늘 아름답게 보이고 싶다면 샤워 후의 느낌을 유지해야 한다.

하루를 시작하며 샤워를 하고 엄마의 손길을 느껴보라. 출근 전 거울을 들여다보고 당신의 표정이 얼마나 아름다워졌는지 확인하라. 엄마의 손길이 맥시멈으로 충전된 가슴을 안고 현관문을 연다. 눈으로 간지러운 햇살이 들어온다. 아파트 앞 가로수가 당신에게 손을 흔든다. 출근길 사람들의 표정과 당신의 표정에 어떤 차이가 있는지 확인해 보라. 회사 문을 열며 처음 마주치는 사람에게 인사를 하라. 당신의 안락함이 가득 충전되었음을 자랑해도 좋다. 그리고 이렇게 인사를 하라. "안녕하세요. 오늘도 좋은 아침입니다." 그리고 짜증날 때, 생각이 정리가 안 될 때, 고민이 많을 때, 술 마시고 싶을 때도 샤워하기를 통해 당신의 피부를 쓰다듬도록 한다. '토닥토닥, 괜찮아, 괜찮아…' 하면서.

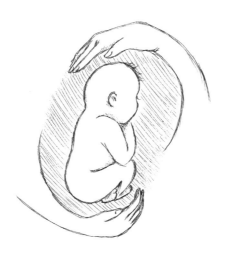

일, 돈, 권력으로 얻는 안락함은 지켜야 하지만,
피부로 느끼는 안락함은 언제든지 충전 가능하다.

계단을 오를 때 숫자를 센다

참고
1

버릇
찾기예제

〈학지사 이상심리학시리즈 강박장애
(2000, 이용승/이한주 저) 인용〉
어디에서 어떻게 이런 행동을 하는지
구체적인 행동으로 작성해보시길 바란다.

▶ 씻기행동

• 다른 사람이 자주 만진 물건은 더럽게 느껴다. (공중전화, 문고리 등)

• 떨어진 물건은 더러워서 집어 올리기 꺼린다.

• 방바닥의 머리카락을 계속 줍는다. 그래서 힘들다.

• 지나치게 집안 청소를 한다. 그래서 힘들다.

• 먼지가 너무 많이 쌓여서 매일 걸레질을 하기 힘들다.

- 과도하게 손을 씻어 주위사람들이 뭐라고 한다.
- 다른 사람들은 병균이나 병에 대해서 지나치게 걱정하지 않는다.
- 샤워나 목욕을 하는 데 너무 오랜 시간을 보낸다고 지적 받는다.
- 남들이 날 두고 더럽다고 한다.

▶ 확인행동
- 가스밸브, 현관문, 차량문은 반복해서 확인해야 한다.
- 예약된 식당은 몇 번씩 확인해야 한다.
- 쇼 윈도, 거울에 비친 복장을 자주 확인한다.
- 늦더라도 보고서의 줄 간격, 오타 등을 꼼꼼하게 확인하는 편이다.
- 일을 하기 전 실수하지 않기 위해 걱정된다.
- 일을 마친 후 실수가 없는지 몇 번씩 확인한다.
- 청소를 마치고 더러운 곳이 없는지 다시 확인해야 한다.
- 타인의 양복에 머리카락 등을 털어준다.
- 남들이 나에게 제발 확인 좀 하라고 한다.

▶ 정리행동
- 공부하면서 중요한 것은 유형별로 색을 칠해야 한다.
- 복장(옷 주름, 구두, 넥타이 등), 머리모양 등은 흐트러지면 안 된다.
- 노트 필기 시, 줄을 정확히 맞추어 작성해야 한다.

- 삼겹살을 구울 때도 줄을 맞춰야 보기 좋다.
- 길을 다닐 때, 선을 밟지 않는다.
- 누가 내 물건을 만지면 즉시 알아차린다.
- 물건을 정리하는 특별한 패턴이 있다.(색, 순서, 모양, 종류 등)
- 남들이 내 물건을 만지면 짜증난다.
- 노트에는 한 색깔의 펜만 사용한다.
- 선 맞추기, 각 맞추기 달인이다.
- 심심할 때마다 보는 한 가지 드라마, 한 가지 영화가 있다.
- 음악을 들으면 한 가지를 반복적으로 듣는다.
- 길을 가다 흐트러진 것을 보면 즉시 정리해야 안심이 된다.
- 남들이 날 두고 정리 좀 하면서 살라고 한다.

▶ 수집행동
- 타인이 버린 물건이 아까워 주워오는 경우가 종종 있다.
- 입지 않는 옷을 버리기 아깝다.
- 언젠가 사용할 것 같아 버리지 않는 물건을 다른 사람들은 버리라고 한다.
- 남들이 내가 수집하는 것을 가치가 없다고 한다.
- 내 수집물을 타인이니 손대면 짜증난다.
- 쌓인 물건이 많아 정리하기가 쉽지 않다.
- 쓰레기가 한쪽에 쌓여 있다. (남들이 버리라고 한다.)

▶ 내적 강박행동

- 길을 다닐 때 박자를 세면 안정감이 생긴다.
- 계단을 오를 때 숫자를 센다.
- 불안할 때 반복적인 기도문을 외운다.
- 내가 좋아하는 숫자, 단어가 눈에 자주 들어온다.
- 숫자가 눈에 들어오면 조합하거나 나누어본다.
- 모든 일상과 계획은 정확하게 기록해야 안전하다.

참고
②

성격
찾기예제

(美 정신장애 진단
및 통계편람 4판 인용)

편집성 성격 (신념 : 세상에 믿을 놈 없다.)

▶ 사 고

- 상대가 배반한다고 생각하며 피해자라고 생각한다.
- 외부세계에 자신의 의미를 투사한다.
- 무의미한 사건을 자신과 관련된 것으로 생각한다.
- 아무도 자신을 정복할 수 없다고 자만한다.

- 권력, 사기꾼, 도둑에 대해 치를 떤다.
- 선택적으로 지각하고 추론한다.
- 불안과 욕구를 정당화하기 위해 논리를 세운다.
- 확고한 신념체계가 있어, 망상은 체계적, 합리적이며 설득력이 있다.
- 통제력과 자율성 상실에 대한 두려움이 크다.

▶ 행 동
- 자기애성과 달리 처음부터 밟고 올라간다. (찬사를 유도하지 않는다.)
- 경계서는 초병이 된다. (차갑고 유머가 없으며 날카롭고 질투가 많다.)
- 화를 돋우는 행동을 한다. (막말, 신체폄하 등을 자연스럽게 한다.)
- 원기왕성하게 논쟁적이며, 완고하고 유연성이 없어 대처기술이
  부족하다.
- 타인의 약점을 귀신같이 찾아낸다. (자신의 약점을 인정하지 않는다.)
- 늘 음해를 찾는데 몰두한다. 예상 적중 시 의심과 경계를 강화한다.
- 공격이 느껴지면 즉시 욕설, 공격, 폭발을 한다. (오래가지는 않는다.)
- 타협을 거부한다.
- 타인으로부터 돌아서며 '내가 제일 잘 나가!' 라고 생각한다.
- 자신이 원하는 대로 움직일 세상을 만든다.
- 의존을 싫어하며, 자율성에 대해 극도로 예민하게 반응한다.

▶ 특 징
- 정신분열증이나 망상장애를 일으키는 전신 성격이다.

- 우울증을 동반하고, 광장공포증 / 강박장애를 일으킬 수 있다.
- 물질관련 장애가 따른다.
- 인지장애로 인해 발생할 수 있다. (자신의 상식범위로 사람들을 판단한다.)
- 분열형, 분열성, 자기애성, 회피성, 경계선을 동반할 수 있다.
- 소아기에는 친구가 없고, 성적인 불안 / 불만이 있다.
- 남자에게 더 많다. (애착불안)

분열성 성격 (신념 : 세상은 혼자 사는 게 최고다.)

▶ 사   고

- 삶에 불만이 없다.
- 대화나 세상을 살아가는 이야기에 관심이 없다.
- 열정도 생각도 믿음도 없다.
- 사회적 단절에 안정감을 느낀다.
- 분노, 희열 등의 감정이 없음
- 대인불안은 없으나, 타인과의 상호작용 강요 시 불안감을 느낀다.

▶ 행   동

- 칭찬과 비난에도 반응이 없고, 우스갯소리를 해도 웃기 어려워한다.
- 말은 느리고 단조롭다.
- 생존 외에 다른 활동에 관심이 없다. 섹스리스가 나타난다.

- 어른이 되어도 부모와 함께 산다.
- 대화의 초점이 분명하지 않다.
- 최악의 경우 자신 또한 사물로 여긴다.

분열형 성격 (신념 : 보이지 않는 손이 세상을 이끈다.)

▶ 사　고

- 특정한 분야에 관심이 쏠려 있다.
- 편집증적 의심은 있으나, 자신의 존재를 폄하한다.
- 과도한 사고 (눈만 마주쳐도 '저 여자는 날 사랑해.')
- 독특한 지각 (초능력이 있다.)
- 과거나 공상 속에서 산다.
- 안락함의 희망이 없고, 일상생활에 성취감이 없다.
- 대인관계 욕구가 없다.

▶ 행　동

- 미신, 초자연적 현상에 집착하며, 때로는 자신이 초능력이 있다고 믿는다.
- 말투 / 행동 / 복장이 우스꽝스럽고 특이하다.
- 논리적이지 않고, 관계망상적 사고를 한다.
- 집단 참여를 불안해한다.
- 부적절한 감정표현

• 정신분열증의 전신

연극성 성격 (신념 : 관심 받고 기대고 싶다.)

▶ 대인관계 양상 : 아양과 애교

▶ 사   고

• 버림받음에 대한 두려움이 커서, 속마음을 드러내지 않는다.

• 시기심이 많고 경쟁자를 음해한다. 피해의식과 의심이 크다.

• 자신의 부정적 감정을 부인한다.

• 자기 존중감 Zero ('나' 는 타인과의 관계에서만 존재한다.)

• 관심 받는 것을 Zero-Sum 게임으로 여긴다.

• 사고가 이분법적(모 아니면 도)이며, 타인과 자신을 느낌으로 과잉 일반화한다.

• 관심 결여는 '공격' 이라 여긴다. (인사하지 않은 사람들은 '날 싫어해' 라고 생각)

• 느끼는 주요 감정은 시기 / 질투 / 경쟁, 이로 인한 분노다.

• 아이처럼 기대길 원한다.

• 상황의 판단을 느낌과 인상으로 결정한다.

▶ 행   동 : 연예인

• 과도하게 친절하다. (능동의존적)

- 감정이 지나치게 풍부하나 기복이 심하고 깊이가 없다.
- 자기애성과 달리, 관심 필요시 연약 / 의존적인 모습도 보임
- 자신을 과장하는 경향이 두드러진다.
- 충동적이고 자극을 추구한다.(이성 통제력이 약하다)
- 주목 받는 것을 즐겨 인기가 많다. 그러나 깊이 있는 친구가 없다.
- 상대방을 즐겁게 해줘야하는 부담감이 있다.
- 눈치가 빠르고, 타인의 행동에 극도로 민감하다.
- 상황과 역할에 따라 연기(목소리, 몸짓)를 한다.
- 외모에 과도한 신경을 쓴다. (멋지다, 예쁘다 평가를 받으려 한다.)
- 이성에 대한 유혹적 행동을 즐긴다. (하지만 무의식적으로 행동을 부정한다.)
- 친해져야한다는 욕구로 상황에 맞지 않는 지나친 자기개방을 한다.

자기애성 성격 (신념 : 난 특별하다.)
▶ 대인관계 양상 : 상대를 감정을 무시하고 거만, 잘난 체

▶ 사　고
- 쉽게 우울, 분노하며, 분노를 지우지 못한다.
- 거절에 태연한 듯 보이나, 복수를 지독히 열망하며 뒤통수를 친다.
- 사랑이나 우정도 사업적 대인 관계로 여긴다.
- 자신의 기분을 고양시키기 위해 성공 / 사랑에 대한 공상을 즐긴다.

- 시기와 질투를 강하게 느낀다.
- 지나치게 자기를 확신하나, 칭찬에 대한 욕구가 강하다.
- 권력에 대한 욕구가 강하고, 독립적이다.
- 공감능력이 Zero이며 사회적 양심이 없다.
- 지나치게 높은 자존감으로 자신의 열등감을 방어한다.

▶ 행 동
- 늘 당당하며 상대를 무시하고 거만하게 행동한다.
- 찬사를 당연하게 여기며, 상급자도 무시한다.
- 업무능력이 탁월하고 열정적으로 일한다. (자신감이 지나치다.)
- 반복적인 일에 지루함과 공허함을 느낀다.
- 거절에 대해 쉽게 분노하거나 악인으로 여긴다. (죄책감이 없다.)
- 탈락 / 거절에 음해라고 여기고 분노한다. (또는 상황을 애초에 회피한다.)
- 비판자를 '사람 볼 줄 모른다.' '날 시기한다.'고 여긴다.
- 튀는 행동을 하며, 노출증으로 자신을 성적으로 과시하기도 한다.
- 자기자랑을 즐기고 과장되나 쑥스러워하지 않는다.
- 자신의 사진이나 동영상을 보고 감탄한다.
- 감정 표현 시 '내 감정이 이러니 특별대우하라.'고 한다.
- 직성이 풀릴 때까지 자기 이야기를 한다.
- 강렬한 사랑을 원하며 매우 문란한 성관계를 맺기도 한다.

▶ 특 징

• 비난을 돌릴 수 없는 실패 시, 엄청난 우울감과 불안감에 빠진다.
• 만성 우(조)울증이 따른다. (기분장애로 자신의 성공/실패를 합리화 한다.)
• 어릴 적 부모로부터 과잉보호를 받았거나, 심각한 정신적 충격을 받았다.
• 범죄 및 반사회적 이력은 없다.
• 건강염려증, 신체형장애가 따른다.
• 편집성과 같이 의심이 심하나, 의심은 결점노출 /소외당함에 한한다.
• 강박성과 같이 완전무결하게 일처리를 하나, 미숙함에 대한 불안감은 없다.

반사회성 성격 (신념 : 세상은 착취 대상이다.)
▶ 대인관계 양상 : 상대의 감정을 고려하지 않은 냉담함

▶ 사   고

• 부끄러움과 공감능력이 없다.
• 미래 계획이 없다.
• 모든 사람은 '1인자(자신)를 위해 노력해야 한다' 고 생각한다.
• 사회적 책임감이 없다. (법적의무, 양육, 부양 등)

• 타인의 칭찬은 원하지 않는다.

▶ 행 동
• 과속 등의 스릴을 즐긴다. (선천적으로 겁이 없고 대담하다.)
• 겉보기에 똑똑해 보이고 말도 합리적이다. (상대를 설득하기 위해)
• 자신을 포장하지는 않는다.
• 폭력적이며 자신의 쾌락을 위해 거짓말, 사기, 변명, 꾀병을 보인다.
• 위험한 성적행동과 약물에 빠지기도 한다.
• 특징 : 15세 이전 품행장애의 과거력이 있다.

경계선 성격 (신념 : 난 버림받았다.)
▶ 대인관계 양상 : 상대에게 충동적이고 비일관적으로 행동,
   지나친 요구

▶ 사   고
• 버림받음에 대한 공포로 타인의 반응에 매우 민감하다. (유기불안)
• 연극성 성격장애보다 감정기복이 극적으로 깊다.
• 우울, 불안, 분노, 적대감, 우울, 무감동 등의 정서가 극적으로 바뀐다.
• 타인을 조종, 통제하려는 욕구가 강하다.
• 애착관계의 대상에게 절대적으로 의지한다.

▶ 행 동

- 의존 대상에게 분노를 표출한다. (애착확인 행동)
- 분노표출이 억압된 경우, 자해로써 자신을 벌한다.
- 빈번하게 일시적 분노폭발을 일으키나, 즉시 수치심을 느낀다.
- 동일한 인물에 대해 극단적으로 상반되는 평가를 한다.
- 자신과 타인에 대해 양가적 태도를 보인다.
- 애착강화를 위해 복종적 자기헌신을 하기도 한다.
- 정체성이 불안정하여 직업과 진료가 자주 바뀐다.
- 행동양상(복장 등)이 일관적이지 않다.
- 극적인 정서변화로 인해 극적인 충동적 행동을 벌인다.
- 만성적인 공허감으로 눈빛이 흐릿하다.
- 되풀이되는 자해행동 (살아있음을 확인, '도와주세요.')
- 관심을 끌기 위해 충동적으로 수단과 방법을 가리지 않는 행동을 한다.
- 아동기에 신체적 학대, 버림받음이 존재한다.

의존성 성격 (신념 : 세상은 나에게 호의적인데, 난 무능력하다.)
▶ 대인관계 양상 : 사랑 때문에 침묵해야 할 나는 당신의 사람

▶ 사 고

- 자신을 이끌어주고, 보호해주고, 양육해주길 바란다.

- 버림받음을 죽음으로 여긴다.
- 깊숙한 열등감이 내재되어 있다. (자신을 무능하다고 생각한다.)
- 대체로 명랑한 기분을 드러낸다. (부정적 감정은 숨긴다.)
- 고달픈 인생사를 생각하지 않는다. ('모든 게 잘 될 거야.' 해피엔딩을 환상한다.)
- 스스로 위안과 만족을 할 수 없다.

▶ 행 동

- 순종적이며 자기를 주장하지 않는다.
- 버림받지 않으려 심각한 학대와 모욕까지 감수한다.
- 극적인 행동과 정서변화는 보이지 않는다.
- 화려하거나 유혹적이지는 않다.
- 죄책감 공격성, 미움 등의 감정을 부인하여 마음의 평안을 찾는다.
- 자기 비하적 모습을 보인다.
- 자신의 개성과 독자성을 무시한다.
- 타인을 기쁘게 하려 노력한다.
- 상대를 과대평가하고 우상화한다.
- 판단과 책임을 요하는 직책을 감당하지 못한다.
- 윗사람이 되면 아랫사람에게 의지한다.
- 상대의 기념일을 기억하고 늘 챙긴다.
- 타인과의 갈등을 두려워한다. (복종적 태도로 갈등을 피한다.)
- 우(조)울증, 불안장애, 신체형장애(신경성 위장염, 관절염 등)를

달고 산다.

강박성 성격 (신념 : 권위에 충성, 완벽주의)

▶ 대인관계 양상 : 권위를 두려워하고, 권위를 휘두른다

▶ 사　고

• 지나치게 규범적이고 도덕적이다. (반쾌락주의 경향을 가지고 있다.)

• 자신을 의롭고 양심적인 사람이라 착각한다.

• 규율, 도덕 등을 지킴으로써 공격성, 갈등 등을 미화한다.

• 자율과 복종에 대한 뿌리 깊은 양가감정을 지닌다.

• 시간이 비면, '무엇을 할지 모르겠다.' 라고 생각한다.

　(일을 만든다. 일중독)

• 역할을 규정하고 강조하며, 경직되어 있고 엄격하다.

　(기계적, 창의력 Zero)

• 새로운 상황을 스트레스로 여긴다.

• 이성이 감성을 지배하는 사람들이며, 분석적이다.

• 정서가 심각하게 무거우며 숨이 막힌다. (휴식에도 적정한

　명분을 찾는다.)

• 정서 욕구를 분리하는 데 애쓴다. ('정서표현은 미숙한 것')

• 통제상실에 대한 두려움이 있다. (무절제, 몸무게, 건강 등)

• '바라고 소망하는 것' 도 의지적으로 규제한다. (취미, 여가 등도)

- 규정되지 않은 의사결정을 어려워한다.
- '해야만 한다.'는 압력을 스스로 받는다. (감정도 억지로 느끼려한다.)

▶ 행 동
- 세부사항, 규칙, 순서, 시간계획 등 사소한 일에 집착한다.
- 지나칠 정도로 완벽주의를 보인다. (정리, 정돈, 청소, 청결에 몰두한다.)
- 충동적 행동은 하지 않는다.
- 타인에게 일을 맡기지 못한다.
- 상급자의 결정에 완벽한 신뢰를 보인다. (속을 보이지 않는다.)
- 타인과 자신에게 또한 자린고비다. (소유에 집착, 버리지 못함)
- 일의 결정이나 처리에 우유부단하다. (적은 가격 차이를 두고 고민)
- 표현이 명확하고 정확하며, 박식하다.
- 옷차림 등의 외형이 형식적이고 격식적이다.
- 경직성으로 평범한 대화 시, 긍정하지도 부정하지도 않는다.
- 권위와 동일시하여, 역할을 규정하고 충동조절의 잣대로 여긴다.
- 대인관계가 과제중심적(운동, 취미, 일 등)이다.

▶ 특 징
- 감정을 터트리면 폭발적 상태가 될까 두려워한다.
- 타인에게 내면을 숨기기 있어 뒤가 지저분하다.
- 사춘기 시절에 겸손하고 반항하지 않는다. (부모님을 기쁘게 하자.)

• 신체형장애가 따른다.

회피성 성격 (신념 : 세상은 비호의적이고 난 무능력하고…)
▶ 대인관계 양상 : 거리두기

▶ 사　고
• 자신을 못난 사람이라고 여긴다.
• 사고와 감정을 구분하지 못한다.
• 슬픔이 만성화되어 정서가 마비되어있다.
• 환상과 상상 속에서 공격적, 성적 충동을 방출한다.

▶ 행　동
• 분열성과 비슷한 행동양상을 보이나, 타인의 눈치에 민감하다.
• 잠재적 위협을 빠르게 훑어보고 집단에 들어가지 않는다.
• 비판과 무시에 민감하다.
• 별것도 아닌 일에 과민반응을 보인다.
• 대인관계가 많이 요구되는 직업을 갖지 못한다.
• 부탁을 하는 것, 부탁을 거절하는 것을 못한다.
• 대인관계에 차갑고 무관심해 보이나, 친숙한 몇몇과는 밝게 지낸다.
• 어조는 느리고 딱딱하다.
• 불편, 불안, 슬픔, 고독을 대놓고 말한다.

- 새로운 곳으로 여행을 좋아하지 않는다.
- 책임 질 일은 하지 않는다.
- 극도로 예민하여 불안장애, 신체형장애, 우울증이 동반한다.
- 일시적 '화학적 용기'를 얻고자 물질남용이 따른다.

▶ 특　징
- 적응장애가 나타남.
- 어릴 적부터 많은 잠 또는 기면증이 보임.
- Sexless를 보임

수동공격성 성격

▶ 사　고
- 의존과 공격에 대한 양가감정이 있다.
- 자신은 성취를 갈망한다.
- 권위에 대해 반항한다.

▶ 행　동
- 정규적인 사회적, 전업적 업무수행에 수동적으로 저항한다.
- 상급자에게 끊임없이 불평을 한다.
- 뚱하고 논쟁적이다.
- 타인에게 인정받지 못한다고 불평, 불만을 한다.

- 자신보다 운 좋은 사람들에게 질투와 분노를 표시한다.
- 개인적 불운에 대해서 과장되게 말하고 계속 불평한다.
- 적대적인 반항이나 뉘우침 사이를 왔다 갔다 한다.
- 만성적으로 인내력이 없다.
- 약 올리는 행동으로 상대를 공격한다.
- 조롱을 받는 느낌이 들면 즉시 등을 돌리고 뒤에서 공격한다.
- 말버릇 : 내 말이 맞지? 동의하지?

MBTI 16가지 성격 유형특성

(김정택 · 심혜숙,
한국판 MBTI® Form G
선호도표(MBTI-P1), ㈜에세스타)

ISTJ : 자신의 방법과 생각만을 고집하기 쉬우므로, 장기적인 안목을 갖고 변화와 다른 가능성에 대해 개방적인 태도를 취할 필요가 있다. 자신이 맡은 이에 대해 지나치게 책임지려 하며, 직책이 요구하는 이상으로 일을 진지하게 다루는 경향이 있다.

ISTP : 목표를 달성하기 위해 계획을 세우면, 계획을 실천하는 것에 집중하고 성취할 때까지 인내하는 노력이 필요하다. 지나치게 편의적이고 노력을 최소화하려는 경향이 있으므로, 열성과 적극성을 키울 필요가 있다. 또한 자신의 느낌이나 생각, 정보, 계획을 개방하고 타인과 나누는 것이 필요하다.

ESTP : 끈기, 인내 그리고 의지를 더 키울 필요가 있다. 사전 계획 없이 즉흥적으로 행동하는 경향이 있으므로, 일을 시작하면 끝까지 마무리 짓는 노력이 필요하다. 물질을 소유하는 즐거움에 집착하기 쉬우므로 그 즐거움의 이면을 볼 수 있어야 한다.

ESTJ : 지나치게 일 중심적인 경향이 있다. 너무 성급하게 결정하는 경향이 있으므로 모든 측면, 특히 자신과 타인의 정서적 측면을 고려하는 것이 필요하다. 변화와 새로운 시도, 추상적 이론 등을 고려하려는 노력이 필요하다.

ISFJ : 주체성과 독단성을 키우고, 다른 사람에게 명령하고 지시하는 역할에도 익숙해지도록 노력해야 한다. 장기적인 안목으로 미래도 바라볼 필요가 있다. 또한 자신의 견해를 남에게 이야기할 때, 확신 있는 태도로 말하는 것이 필요하다.

ISFP : 타인을 지나치게 신뢰하고 남을 비판하지 못하는 반면, 자신은 쉽게 상처받고 그 상황에서 물러나 버리는 경향이 있다. 겸손한 태도를 취하기보다 자신의 능력을 남에게 알릴 필요가 있다. 또한 다른 사람에게 부정적인 피드백을 주는 방법을 배우는 것이 필요하다.

ESFP : 논리적이고 분석적으로 판단하는 능력을 개발시킬 필요가 있다. 일과 여가 활동을 잘 조정하여 균형을 맞추는 것이 필요하다. 시간 관리에 노력을 들여야 하며, 일을 시작하기 전에 계획을 세우는 것이 필요하다.

ESFJ : 다른 사람에게 정말 필요한 것이 무엇이고, 무엇을 원하는지 진지하게 들을 필요가 있다. 속단하는 경향이 있으며 '이렇게 되어야 한다.' 또는 '저렇게 되어야 한다.' 는 마음의 규율이 많다. 일이나 사람들과 관련된 문제에 대해 냉철한 입장을 취하는 것을 어려워한다.

INFJ : 이들은 풍부한 내적 생활을 소유하고 있지만, 다른 사람들과 공유하는 것을 어려워한다. 한 곳에 몰두하는 경향 때문에 목적 달성에 필요한 주변적인 조건들을 경시하기 쉽고, 이로 인해 난관에 부딪칠 때가 있다. 이들은 내면에 갈등이 많고 복잡한 경향이 있으므로, 현실을 있는 그대로 수용하고 현재를 즐기고자 하는 노력이 필요하다.

INFJ : 이들은 너무 많은 사람을 동시에 만족시키고자 하는 경향이 있는데, 이러한 부담에서 벗어나기 위해 노력하며 주면 사람들에 대해 객관적인 입장을 취하는 태도가 필요하다. 또한 어떤 일을 할 때 자신의 이상과 실제적인 현실 상황을 검토해 보는 노력이 필요하다.

ENFP : 반복되는 일상적인 일에 대해 견디지 못하고, 한 가지 일을 마무리 짓지 않은 채 몇 가지 다른 일을 새롭게 시작하는 경향이 있다. 관심이 가는 모든 것을 시도하기보다 일에 우선순위를 두고, 어떤 것에 집중할지 선별하는데 노력을 기울일 필요가 있다.

ENFJ : 일이나 사람과 관계된 문제에 대해 냉철한 입장을 취하지 못

하는 경향이 있다. 이들은 인간 관계에 끌려 과업을 소홀히 다

루기 쉽다. 반대 의견에 부딪쳤을 때나 자신의 요구가 거절당

했을 때, 마음의 상처를 받는다.

INTJ : 이들은 냉철한 분석력 때문에, 일과 사람을 있는 그대로 수용

하고 음미하는 것이 어렵다. 그러므로 현실을 있는 그대로 보

고, 그 상황을 구체적이고 사실적인 면을 보려는 노력이 필요

하다. 또한 다른 사람의 관점에 귀 기울이고 감정을 고려할 필

요가 있다.

INTP : 가끔 어떤 아이디어에 몰입하여 주위에서 돌아가고 있는 일

을 모를 때가 있다. 지나치게 추상적이고 비현실적으로 생각

하는 경향이 있으며, 사교성이 부족한 편이다. 때로는 자신의

지적 능력을 은근히 과시하는 경향이 있어 거만하게 보일 수

있다.

ENTP : 어떤 일을 시작하고 그 일을 마무리 짓기 전에, 또 다른 새로

운 일에 뛰어드는 경향이 있다. 이들은 일상적이고 세부적인

일은 경시하고 태만하기 쉬우며, 새로운 도전 거리가 없는 일

은 큰 흥미가 없다.

ENTJ : 다른 사람의 의견에 귀 기울일 필요가 있으며, 자신과 타인의

감정을 잘 살펴볼 필요가 있다. 자신의 느낌이나 감정을 인정

하고 표현하는 것이 중요하며, 성급한 판단이나 결론은 피해

야 한다.